PONS

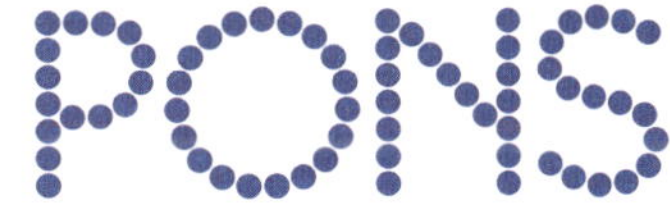

POLNISCH im Handumdrehen

Tien Tammada

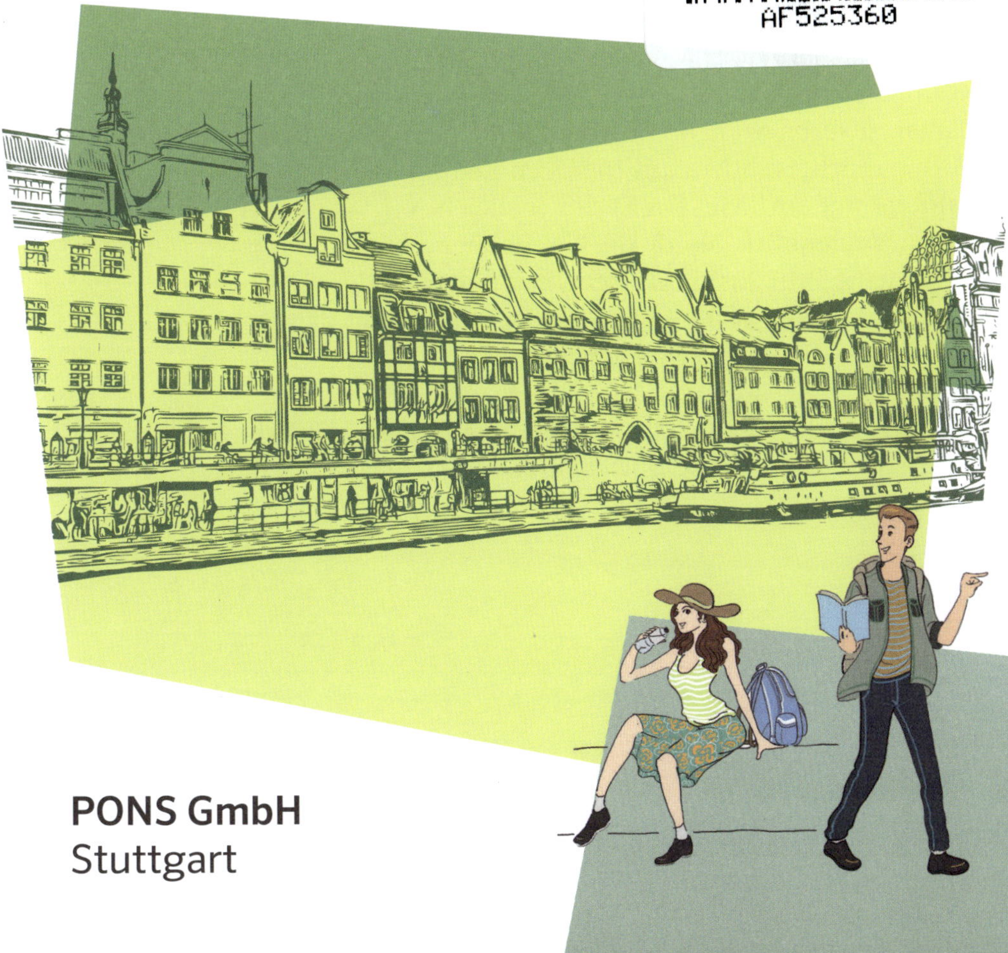

PONS GmbH
Stuttgart

Vorwort

Das Reisen in fremde, ferne Länder ist eine wunderbare, herrliche Sache. Auf einer Liste der schönsten Dinge für alle Menschen liegt das Reisen vermutlich weltweit auf einem der allerersten Plätze.

Aber vor jeder Reise in die Fremde liegt die Hürde einer neuen Fremdsprache. Vielen Menschen erscheint es als unüberwindbar sich auf das Lernen einer neuen Fremdsprache einzulassen. Dabei ist es nicht so schwer eine neue Sprache zu lernen und so neue Möglichkeiten zu erlangen.

Ganz egal, ob es dein Ziel ist, eine Urlaubswoche im zauberhaften Polen zu verbringen, ob du gerne mit einem Menschen aus Polen flirten möchtest oder zum richtigen Zeitpunkt erkennst, dass ein anderer mit dir flirtet (wer weiß, vielleicht verpasst du in solch einem Augenblick gerade die Gelegenheit, deinen Traumprinzen oder deine Prinzessin fürs Leben zu finden), oder ob du einen kompletten Neustart in Polen planst, warte nicht damit den ersten Schritt auf diesem Weg zu gehen.

Lass dich nicht davon abhalten, deinem Herzenswunsch zu folgen. Wage dich und triff die Entscheidung, dich der polnischen Sprache zu stellen.

Jetzt und sofort!

Sobald du deine Herzensentscheidung getroffen hast Polnisch zu lernen, steht dir dieses Buch für den ersten Schritt zur Seite. Du brauchst nach diesem Entschluss nicht unbedingt sofort einen Sprachkurs zu belegen oder dich um die kompliziert wirkende Grammatik zu kümmern.

Jeder, der schon einmal eine Sprache erlernt hat und diese gut beherrscht, weiß, dass das Wichtigste, der allerschnellste und einfachste Weg, der Sprung ins kalte Wasser ist. Hast du erst einmal angefangen, läuft es wie von alleine.

Bereite dich nicht lange vor und springe, denn probieren geht über studieren.

Dieses Buch, mit seinen passenden Bildern, Illustrationen, Wortzusammenstellungen und wertvollen Sätzen hilft dir dabei. Bei den ersten Sprachhürden auf deiner Reise kannst du das passende Kapitel aufschlagen. Dort findest du die wichtigsten Sätze und Begriffe dazu.

Wenn es mit deiner Aussprache noch nicht hundertprozentig klappt, dann kannst du mit dem Zeigefinger auf das Bild oder den danebenstehenden Satz tippen und du wirst dich sofort verständlich machen können. So simpel und so schnell ist es, denn dieses Buch heißt:

Polnisch im Handumdrehen.

Inhalt

Alltagssätze, Alltagsschätze

Przydatne codzienne zwroty
[pʂɨdatnɛ t͡sɔd͡ʑɛnnɛ zvrɔtɨ]

Begrüßung

Powitanie [pɔvʲitaɲɛ]

Dzień dobry!

[d͡ʑɛɲ dɔbrɨ]

Guten Morgen!

Dzień dobry!

[d͡ʑɛɲ dɔbrɨ]

Guten Tag!

Dobry wieczór!

[dɔbrɨ vʲɛt͡ʂur]

Guten Abend!

Jak się pan (/pani) ma? / Jak się masz?

[jak ɕɛ̃w̃ pan (/paɲi) ma / jak ɕɛ̃w̃ maʂ]

Wie geht es Ihnen? / Wie geht es dir?

Wszystko w porządku, dziękuję.

[fʂɨstkɔ f pɔz̥ɔntku d͡ʑʲɛŋkujɛ̃w̃]

Es geht mir gut, danke.

Tak.	Nie.
[tak]	[ɲɛ]
Ja.	Nein.

Dziękuję.	Bardzo dziękuję.	Nie ma za co.	Z przyjemnością.
[d͡ʑʲɛŋkujɛ̃w̃]	[bard͡zɔ d͡ʑʲɛŋkujɛ̃w̃]	[ɲɛ ma za t͡sɔ]	[s pʂɨjɛmnɔɕt͡ɕɔ̃w̃]
Danke.	Vielen Dank.	Gern geschehen.	Mit Vergnügen.

Nazywam się… [nazɨvam ɕɛ̃w̃]	Ich heiße ...
Jak się pan(/pani) nazywa? [jak ɕɛ̃w̃ pan(/paɲi) nazɨva]	Wie heißen Sie?
Jak się nazywasz? [jak ɕɛ̃w̃ nazɨvaʂ]	Wie heißt du?
Miło mi pana(/panią) poznać! [mʲiwɔ mʲi pana (/paɲɔ̃w̃) pɔznat͡ɕ]	Sehr erfreut Sie kennenzulernen.
Miło mi cię poznać. [mʲiwɔ mʲi t͡ɕɛ̃w̃ pɔznat͡ɕ]	Sehr erfreut dich kennenzulernen.
Jestem z Niemiec. [jɛstɛm z ɲɛmʲɛt͡s]	Ich komme aus Deutschland.
Nie mówię po polsku. [ɲɛ muvʲɛ̃w̃ pɔ pɔlsku]	Ich kann kein Polnisch sprechen.
Mówię trochę po polsku. [muvʲɛ̃w̃ trɔxɛ̃w̃ pɔ pɔlsku]	Ich spreche ein bisschen Polnisch.
Jak to się nazywa po polsku? [jak tɔ ɕɛ̃w̃ nazɨva pɔ pɔlsku]	Wie heißt das auf Polnisch?

Jak dojść do...?

[jak dɔjɕt͡ɕ dɔ]

Wie komme ich zum ...?

Czy mógłby pan(/mogłaby pani) to powtórzyć? [t͡ʂɨ mɔgwbɨ pan(/mɔgwabɨ paɲi) tɔ pɔftuʐɨt͡ɕ?]	Könnten Sie das bitte wiederholen?
Czy mógłby pan(/mogłaby pani) mówić trochę wolniej? [t͡ʂɨ mugwbɨ pan(/mɔgwabɨ paɲi) muvʲit͡ɕ trɔxɛ̃w̃ vɔlɲɛj]	Könnten Sie bitte etwas langsamer sprechen?
Co to znaczy? [t͡sɔ tɔ znat͡ʂɨ]	Was bedeutet das?
Co to jest? [t͡sɔ tɔ jɛst]	Was ist das?
Słucham? [swuxam]	Wie bitte?
Przepraszam. [pʂɛpraʂam]	Entschuldigung.
Nie ma problemu. [ɲɛ ma prɔblɛmu]	Kein Problem.
Gdzie jestem? [gd͡ʑɛ jɛstɛm]	Wo bin ich?
Jak dojść do...? [jak dɔjɕt͡ɕ dɔ]	Wie komme ich zum ...?

pan [pan]	Herr
pani [paɲi]	Frau
Gdzie jest...? [gd͡ʑɛ jɛst]	Wo ist ...?
Chciałbym(/Chciałabym).../ Poproszę... [xt͡ɕawbɨm(/xt͡ɕawabɨm) / pɔprɔʂɛ̃w̃]	Ich hätte gern ...
Ile to kosztuje? [ilɛ tɔ kɔʂtujɛ]	Wie viel kostet das?
To mi się podoba. [tɔ mʲi ɕɛ̃w̃ pɔdɔba]	Ich mag das.
Nie podoba mi się to. [ɲɛ pɔdɔba mʲi ɕɛ̃w̃ tɔ]	Ich mag das nicht.
Tak sobie. [tak sɔbʲɛ]	So lala.
Wspaniale! [fspaɲalɛ]	Wunderbar!

Świetnie! [ɕf͡ʝɛtɲɛ]	Hervorragend!
dobrze [dɔbʐ̥ɛ]	gut
bardzo dobrze [bard͡zɔ dɔbʐ̥ɛ]	sehr gut
źle [ʑ̥lɛ]	schlecht
bardzo źle [bard͡zɔ ʑ̥lɛ]	sehr schlecht
dużo [duʐ̥ɔ]	viel
mało, niewiele [mawɔ ɲɛˈvʝɛlɛ]	wenig
trochę [trɔxɛ]	ein bisschen
Chwileczkę, proszę. [xf͡ʝiˈlɛt͡ʂ̥kɛ prɔʂ̥ɛ]	Einen Augenblick, bitte.
Proszę mi nie przeszkadzać! [prɔʂ̥ɛ̃w̃ mʝi ɲɛ pʂ̥ɛʂ̥kad͡zat͡ɕ]	Stören Sie mich bitte nicht!

Do zobaczenia! [dɔ zɔbat͡ʂɛɲa]	Bis bald!
Do zobaczenia potem! [dɔ zɔbat͡ʂɛɲa pɔtɛm]	Bis später!
Do jutra! [dɔ jutra]	Bis morgen!
Do widzenia! [dɔ vʲid͡zɛɲa]	Auf Wiedersehen!
Kto? [ktɔ]	Wer?
Co? [t͡sɔ]	Was?
Gdzie? [gd͡ʑɛ]	Wo?
Kiedy? [kʲɛdɨ]	Wann?
Dlaczego? [dlat͡ʂɛgɔ]	Warum?
Jak? [jak]	Wie?
Ile? [ilɛ]	Wie viel(e)?

Do widzenia! / Pa!

[dɔ vʲid͡zɛɲa / pa]

Auf Wiedersehen! / Tschüß!

Do widzenia! / Pa!

[dɔ vʲid͡zɛɲa / pa]

Auf Wiedersehen! / Tschüß!

Am Flughafen
Na lotnisku [na lɔtɲisku]

lotnisko
[lɔtɲisku]
der Flughafen

Gdzie jest kontrola paszportowa?
[gd͡ʑɛ jɛst kɔntrɔla paʂpɔrtɔva]
Wo ist die Passkontrolle?

SAMOLOT

[samɔlɔt]

Przepraszam, jak dojadę do centrum miasta?
[pʂɛpraʂam, jak dɔjadɛ͂w̃ dɔ t͡sɛntrum mʲasta]
Entschuldigung, wie komme ich zum Stadtzentrum?

Gdzie jest stacja kolejowa?
[gd͡ʑɛ jɛst stat͡sja kɔlɛjɔva]
Wo ist der Bahnhof?

Przepraszam, gdzie jest wyjście?

[pʂɛpraʂam gd͡ʑɛ jɛst vɨjɕt͡ɕɛ]

Entschuldigung, wo ist der Ausgang?

das Flugzeug

Gdzie jest przystanek autobusowy?

[gd͡ʑɛ jɛst pʂɨstanɛk autɔbusɔvɨ]

Wo ist die Bushaltestelle?

Gdzie mogę zamówić taksówkę?

[gd͡ʑɛ mɔgɛ̃w̃ zamuvʲit͡ɕ taksufkɛ̃w̃]

Wo bekomme ich ein Taxi?

Gdzie jest informacja turystyczna?

[gd͡ʑɛ jɛst infɔrmat͡sja turɨstɨt͡ʂna]

Wo ist die Touristeninformation?

Jak daleko jest do centrum miasta?

[jak dalɛkɔ jɛst dɔ t͡sɛntrum mʲasta]

Wie weit ist es bis zum Stadtzentrum?

Czy mógłby pan (/mogłaby pani) mi polecić jakiś niedrogi hotel?

[t͡ʂɨ mugwbɨ pan (/mɔgwabɨ paɲi) mʲi pɔlɛt͡ɕit͡ɕ jakʲiɕ ɲɛdrɔgʲi hɔtɛl]

Können Sie mir ein preiswertes Hotel empfehlen?

Proszę mnie zawieźć pod ten adres.

[prɔʂɛ̃w̃ mɲɛ zavʲɛɕt͡ɕ pɔt tɛn adrɛs.]

Fahren Sie mich bitte zu dieser Adresse.

autobus

[awtɔbus]

der Bus

Ile kosztuje przejazd?
[ilɛ kɔʂtujɛ pʂɛjast]
Was kostet die Fahrt?

Czy mogę zapłacić kartą kredytową?
[t͡ʂɨ mɔgɛ̃w̃ zapwat͡ɕit͡ɕ kartɔ̃w̃ krɛdɨtɔvɔ̃w̃]
Kann ich mit Kreditkarte bezahlen?

Czy mógłby pan (mogłaby pani) mi powiedzieć, kiedy mam wysiąść?
[t͡ʂɨ mugwbɨ pan (mɔgwabɨ paɲi) mʲi pɔvʲɛd͡ʑɛt͡ɕ, kʲɛdɨ mam vɨɕɔ̃w̃ɕt͡ɕ?]
Können Sie mir bitte sagen, wann ich aussteigen muss?

Bardzo ci dziękuję za pomoc.
[bard͡zɔ t͡ɕi d͡ʑʲɛŋkujɛ̃w̃ za pɔmɔt͡s]
Vielen Dank für deine Hilfe.

taksówka
[taksufka]
das Taxi

pociąg

[pɔʨɔŋk]

der Zug

metro

[mɛtrɔ]

die U-Bahn

tramwaj

[tramvaj]

die Straßenbahn

pociąg szybkobieżny

[pɔt͡ɕɔŋk ʂɨpkɔbʲɛʐnɨ]

der Hochgeschwindigkeitszug

statek

[statɛk]

das Schiff

Die Unterkunft

Zakwaterowanie [zakfatɛrɔvaɲɛ]

Czy mają Państwo wolny pokój?
[t͡ʂɨ majɔ̃w̃ pai̯stfɔ vɔlnɨ pɔkuj]

Haben Sie ein Zimmer frei?

Czy mógłbym(/mógłabym) zobaczyć pokój?
[t͡ʂɨ mugwbɨm(/mógłabym) zɔbat͡ʂɨt͡ɕ pɔkuj]

Könnte ich mir das Zimmer ansehen?

Ile on kosztuje?
[ilɛ ɔn kɔʂtujɛ]

Wie viel kostet das?

Czy śniadanie jest wliczone w cenę?
[t͡ʂɨ ɕɲadaɲɛ jɛst vlʲit͡ʂɔnɛ f t͡sɛnɛ̃w̃]

Ist das Frühstück inbegriffen?

Zarezerwowałem(/Zarezerwowałam) pokój na nazwisko...
[zarɛzɛrvɔvawɛm(/zarɛzɛrvɔvawam) pɔkuj na nazvʲiskɔ]

Ich habe ein Zimmer auf den Namen ... gebucht.

Proszę, to mój paszport.
[prɔʂɛ̃w̃, tɔ muj paʂpɔrt]

Hier ist mein Reisepass.

Czy mają tu Państwo bezprzewodowy Internet?
[t͡ʂɨ majɔ̃w̃ tu paj̃stfɔ bɛspʂɛvɔdɔvɨ intɛrnɛt]

Gibt es hier WLAN?

Czy mają Państwo sejf?
[t͡ʂɨ majɔ̃w̃ paj̃stfɔ sɛjf]

Gibt es einen Safe?

Kiedy muszę się wymeldować?
[kʲɛdɨ muʂɛ̃w̃ ɕɛ̃w̃ vɨmɛldɔvat͡ɕ]

Wann muss ich auschecken?

Czy recepcja czynna jest całą dobę?
[t͡ʂɨ rɛt͡sɛpt͡sja t͡ʂɨnna jɛst t͡sawɔ̃w̃ dɔbɛ̃w̃]

Ist die Rezeption den ganzen Tag geöffnet?

Proszę pokój dla...

[prɔʂɛ̃w̃ pɔkuj dla]

Ich hätte gern ein Zimmer für ...

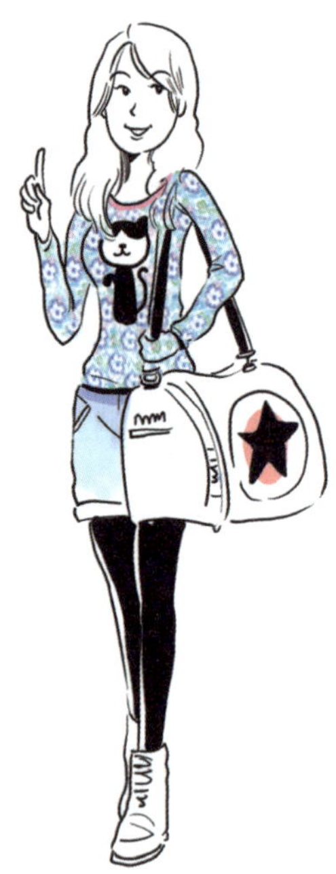

jednej osoby.

[jɛdnɛj ɔsɔbɨ]

eine Person.

dwóch osób.

[dvux ɔsup]

zwei Personen.

rodziny.

[rɔd͡ʑinɨ]

eine Familie.

sufit
[sufʲit]
die Decke
półka na książki
[puwka na kɕɔw̃szkʲi]
das Bücherregal
lampa
[lampa]
die Lampe
okno
[ɔknɔ]
das Fenster
włącznik światła
[vwɔŋʧʂɲik ɕfʲatwa]
der Lichtschalter
budzik
[budʑik]
der Wecker
poduszka
[pɔduʂka]
das Kopfkissen
krzesło
[kʂɛswɔ]
der Stuhl
biurko
[bʲurkɔ]
der Schreibtisch
wtyczka
[ftiʧʂka]
der Stecker
kontakt
[kɔntakt]
die Steckdose

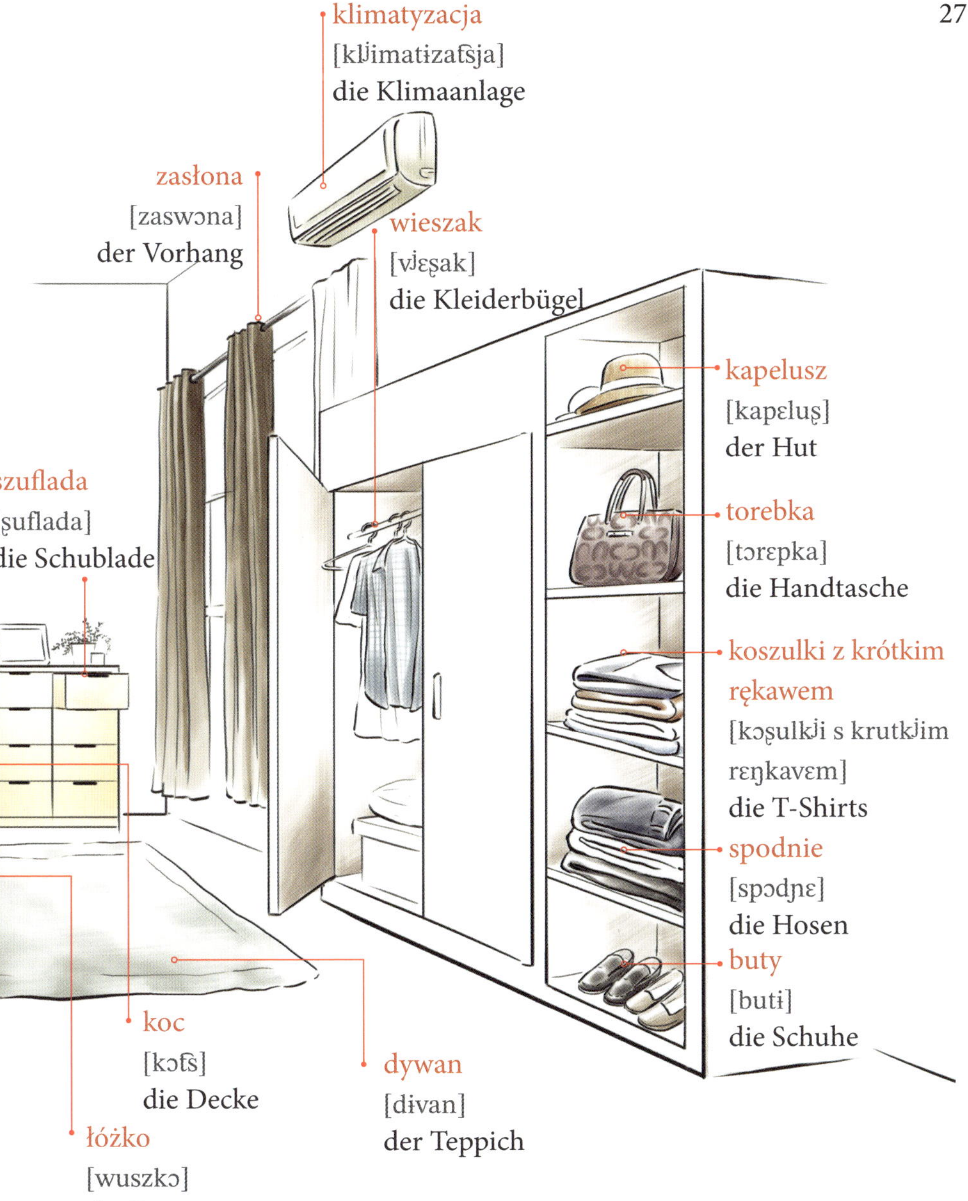

Im Schlafzimmer

W sypialni [f sɨpʲalɲi]

Im Badezimmer

W łazience [v waʑɛnt͡sɛ]

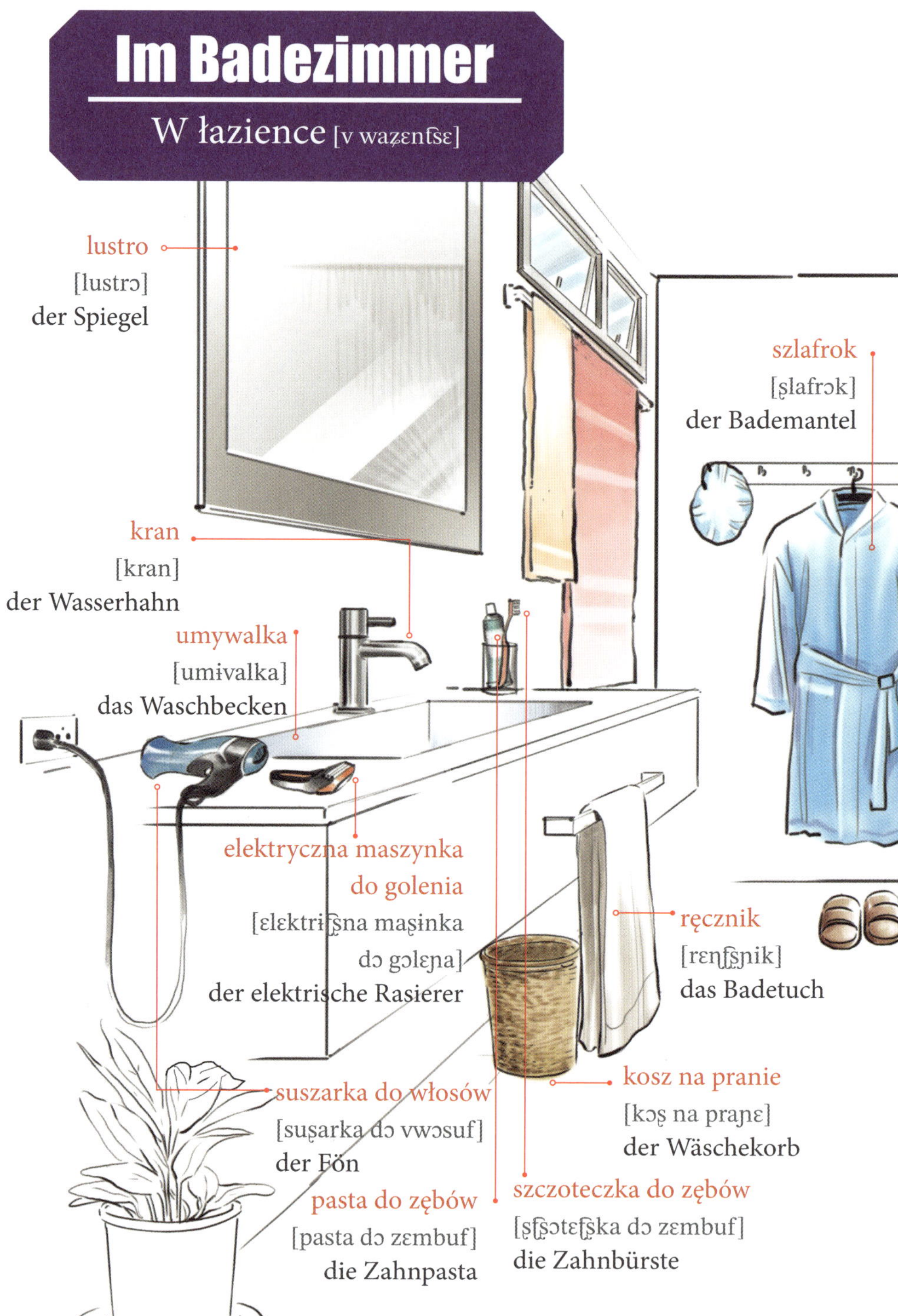

prysznic
[priʂɲiʦ͡ʂ]
die Dusche
odżywka do włosów
[ɔd͡ʑɨfka dɔ vwɔsuf]
die Haarspülung
żel pod prysznic
[ʐɛl pɔt priʂɲiʦ͡ʂ]
das Duschgel
szampon
[ʂampɔn]
das Shampoo
spłuczka
[spwuʧ͡ʂka]
die Spülung
toaleta
[tɔ.aˈlɛ.ta]
die Toilette
szczotka do ubikacji
[ʂʧ͡ʂɔtka dɔ ubʲikaʦ͡ʂʝi]
die Klobürste
mydło
[mɨdwɔ]
die Seife
papier toaletowy
[papʲɛr tɔalɛtɔvɨ]
das Klopapier
odpływ
[ɔtpwɨf]
der Abfluss
mata łazienkowa
[mata waʐɛnkɔva]
die Badematte
wanna
[vanna]
die Badewanne

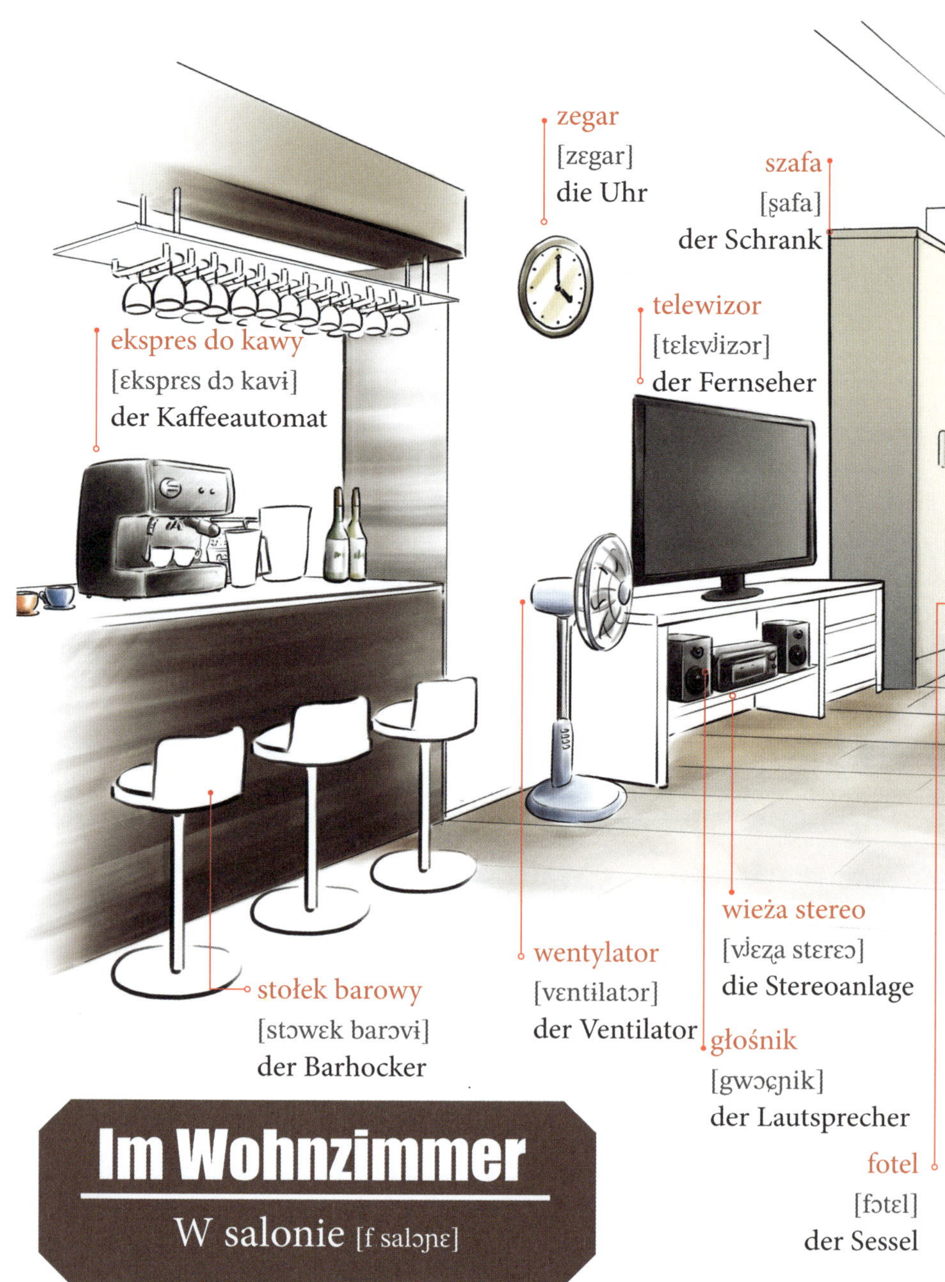

Im Wohnzimmer

W salonie [f salɔɲɛ]

lampa
[lampa]
die Lampe
pianino
[pʲaɲinɔ]
das Klavier
obraz
[ɔbraz]
das Bild
książki
[kɕɔw̃szkʲi]
die Bücher
skrzypce
[skʂɨpt͡sɛ]
die Geige
telefon
[tɛlɛfɔn]
das Telefon
stół
[stuw]
der Tisch
wazon
[vazɔn]
die Vase
kanapa
[kanapa]
das Sofa
kwiaty
[kfʲatɨ]
die Blumen
pilot (do telewizora)
[pʲilɔt (dɔ tɛlɛvʲizɔra)]
die Fernbedienung

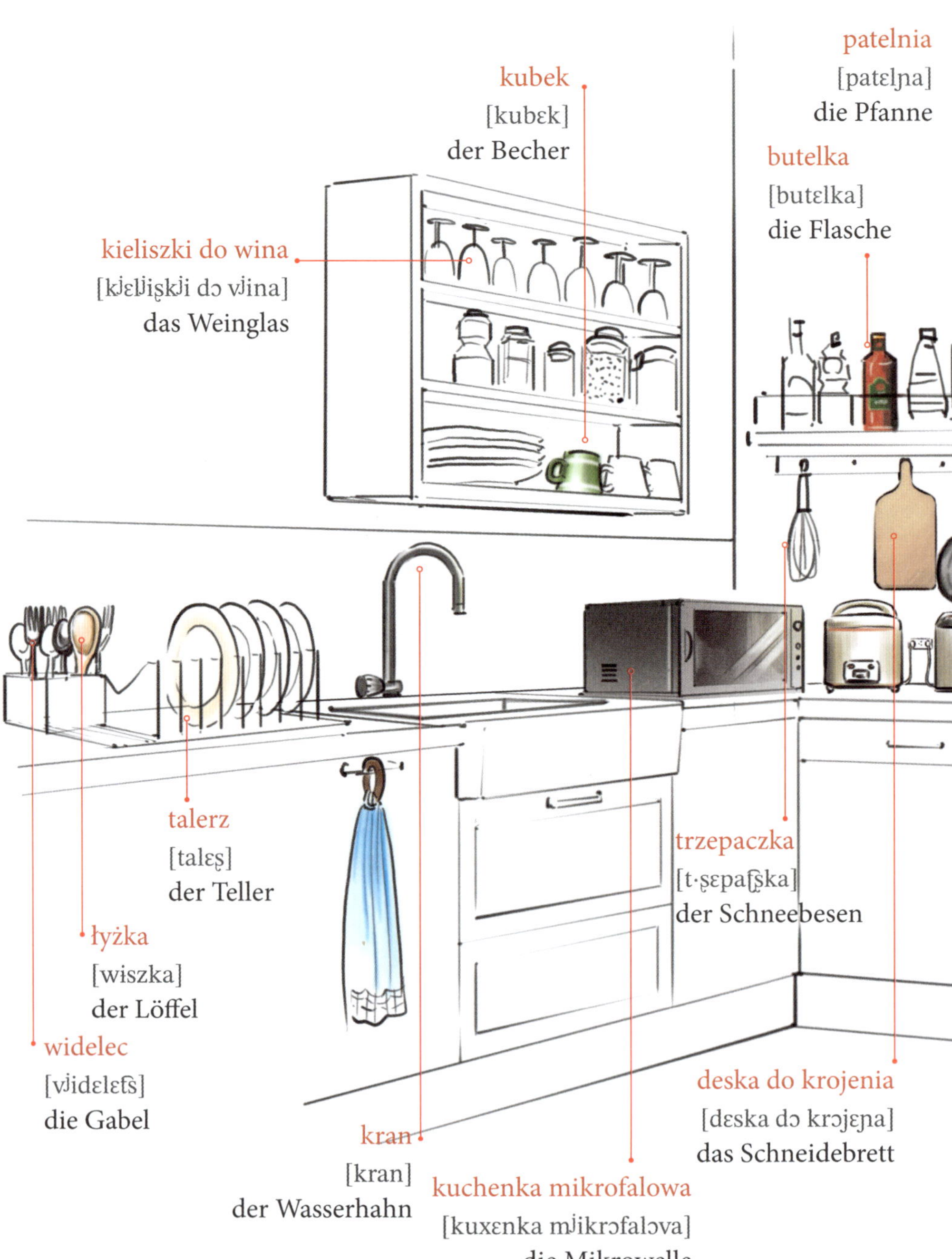
kubek
[kubɛk]
der Becher
patelnia
[patɛlɲa]
die Pfanne
butelka
[butɛlka]
die Flasche
kieliszki do wina
[kʲɛlʲiʂkʲi dɔ vʲina]
das Weinglas
talerz
[talɛʂ]
der Teller
łyżka
[wiszka]
der Löffel
widelec
[vʲidɛlɛt͡s]
die Gabel
trzepaczka
[t·ʂɛpat͡ʂka]
der Schneebesen
deska do krojenia
[dɛska dɔ krɔjɛɲa]
das Schneidebrett
kran
[kran]
der Wasserhahn
kuchenka mikrofalowa
[kuxɛnka mʲikrɔfalɔva]
die Mikrowelle

In der Küche

W kuchni [f kuxɲi]

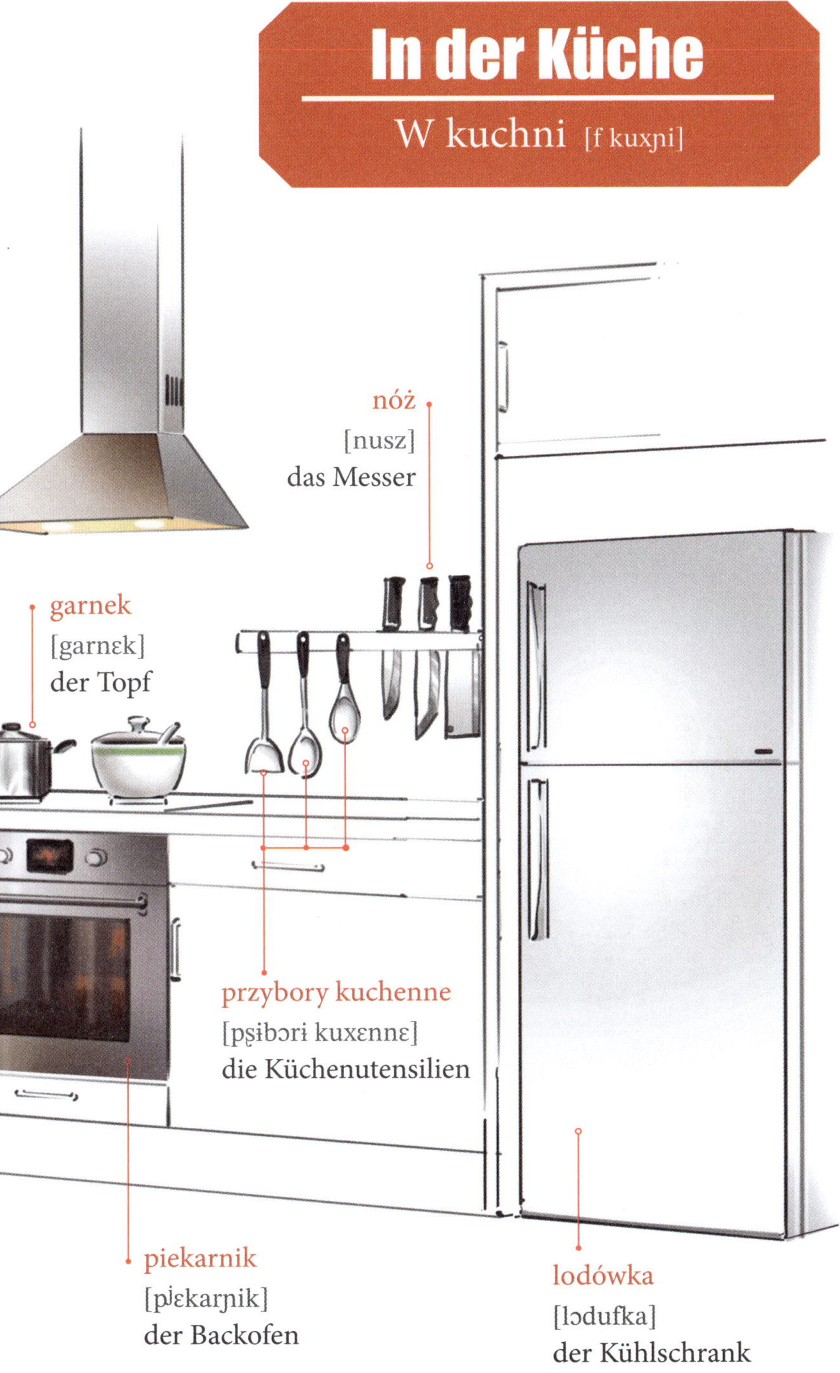

Ausflüge (in der Stadt und außerhalb)

Wycieczki (po mieście i poza miasto)

[vɨt͡ɕɛt͡ʂkʲi pɔ mʲɛɕt͡ɕɛ i pɔza mʲastɔ]

Czy w tej okolicy są jakieś atrakcje turystyczne?

[t͡ʂɨ f tɛj ɔkɔlʲit͡sɨ sɔ̃w̃ jakʲɛɕ atrakt͡sjɛ turɨstɨt͡ʂnɛ]

Gibt es irgendwelche Sehenswürdigkeiten in dieser Gegend?

Gdzie mogę spróbować lokalnych specjałów?

[gd͡ʑɛ mɔgɛ̃w̃ sprubɔvat͡ɕ lɔkalnɨx spɛt͡sjawuv]

Wo kann ich regionale Spezialitäten probieren?

Ausflüge mit dem Zug

Wycieczki pociągiem [vit͡ɕɛt͡ʂkʲi pɔt͡ɕɔŋgʲɛm]

Gdzie jest dworzec kolejowy? [gd͡ʑɛ jɛst dvɔʐɛt͡s kɔlɛjɔvɨ]	Wo ist der Bahnhof?
Gdzie jest biletomat? [gd͡ʑɛ jɛst bʲilɛtɔmat]	Wo ist der Fahrkartenautomat?
Gdzie jest kasa biletowa? [gd͡ʑɛ jɛst kasa bʲilɛtɔva]	Wo ist der Fahrkartenschalter?
Ile kosztuje bilet? [ilɛ kɔʂtujɛ bʲilɛt]	Wie viel kostet die Fahrkarte?
Proszę jeden bilet pierwszej klasy. [prɔʂɛ̃w̃ jɛdɛn bʲilɛt pʲɛrfʂɛj klasɨ]	Bitte eine Fahrkarte erster Klasse.
Proszę jeden bilet drugiej klasy. [prɔʂɛ̃w̃ jɛdɛn bʲilɛt pʲɛrfʂɛj klasɨ]	Bitte eine Fahrkarte zweiter Klasse.
Proszę bilet w jedną stronę. [prɔʂɛ̃w̃ bʲilɛt v jɛdnɔ̃w̃ strɔnɛ̃w̃]	Bitte eine einfache Fahrkarte.

Bilet tam i z powrotem proszę. [bʲilɛt tam i s pɔvrɔtɛm prɔʂɛ̃w̃]	Bitte eine Rückfahrkarte.
Chciałbym(/Chciałabym) zarezerwować miejsce (siedzące). [xt͡ɕawbɨm(/ xt͡ɕawabɨm) zarɛzɛrvɔvat͡ɕ mʲɛjst͡sɛ (ɕɛd͡zɔnt͡sɛ)]	Ich möchte einen Sitzplatz reservieren.
O której godzinie odjeżdża pociąg? [ɔ kturɛj gɔd͡ʑiɲɛ ɔdjɛʐd͡ʐa pɔt͡ɕɔŋk]	Wann fährt der Zug ab?
Ile razy muszę się przesiadać? [ilɛ razɨ muʂɛ̃w̃ ɕɛ̃w̃ pʂɛɕadat͡ɕ]	Wie oft muss ich umsteigen?
Jak się nazywa następna stacja? [jak ɕɛ̃w̃ nazɨva nastɛmpna stat͡sja]	Wie heißt die nächste Haltestelle?
Czy mógłby pan (/mogłaby pani) mi powiedzieć, kiedy mam wysiąść? [t͡ʂɨ mugwbɨ pan (/mɔgwabɨ paɲi) mʲi pɔvʲɛd͡ʑɛt͡ɕ, kʲɛdɨ mam vɨɕɔ̃w̃ɕt͡ɕ?]	Können Sie mir bitte sagen, wann ich aussteigen muss?

Am Bahnhof
Na dworcu kolejowym
[na dvɔrt͡su kɔlɛjɔvɨm]

dworcec
[dvɔʐɛt͡s]
der Bahnhof

dworzec centralny
[dvɔʐɛt͡s t͡sɛntralnɨ]
der Hauptbahnhof

kasa biletowa
[kasa bʲilɛtɔva]
der Fahrkartenschalter

bilet
[bʲilɛt]
die Fahrkarte

rozkład jazdy
[rɔskwad jazdɨ]
der Fahrplan

przyjazd
[pʂɨjast]
die Ankunft

odjazd
[ɔdjast]
die Abfahrt

pociąg
[pɔt͡ɕɔŋk]
der Zug

peron
[pɛrɔn]
der Bahnsteig

wagon sypialny
[vagɔn sɨpʲalnɨ]
der Schlafwagen

pociąg ekspresowy
[pɔt͡ɕɔŋg ɛksprɛsɔvɨ]
der Schnellzug

bilet w pierwszej klasie
[bʲilɛt f pʲɛrfʂɛj klaɕɛ]
eine Fahrkarte erster Klasse

bilet w drugiej klasie
[bʲilɛt v drugʲɛj klaɕɛ]
eine Fahrkarte zweiter Klasse

rezerwacja miejsca (siedzącego)
[rɛzɛrvat͡sja mʲɛjst͡sa(ɕɛd͡zɔnt͡sɛgɔ)]
eine Sitzplatzreservierung

w jedną stronę
[v jɛdnɔ̃w̃ strɔnɛ̃w̃]
einfach

tam i z powrotem
[tam i s pɔvrɔtɛm]
hin und zurück

dopłata
[dɔpwata]
der Zuschlag

wsiadać
[fɕadat͡ɕ]
einsteigen

wysiadać
[viɕadat͡ɕ]
aussteigen

przesiadać się
[pʂɛɕadat͡ɕ ɕɛ̃w̃]
umsteigen

O której godzinie odjeżdża pociąg / autobus / metro / tramwaj?

[ɔ kturɛj gɔd͡ʑiɲɛ ɔdjɛʐd͡ʐa pɔt͡ɕɔŋg /

autɔbus / mɛtrɔ / tramvaj]

Um wie viel Uhr fährt der Zug /der Bus / die U-Bahn / die Straßenbahn ab?

Przepraszam, czy mógłby mi pan (/ mogłaby mi pani) pomóc w zakupie biletu z automatu?

[pʂɛpraʂam, t͡ʂɨ mugwbɨ mʲi pan / mɔgwabɨ mʲi paɲi pɔmut͡s v zakupʲɛ bʲilɛtu z autɔmatu]

Entschuldigen Sie bitte,
könnten Sie mir helfen,
ein Ticket an dem Automaten
zu kaufen?

Chcę jechać do...

[xt͡sɛ̃w̃ jɛxat͡ɕ dɔ]

(Ich möchte nach ... fahren.)

Ausflüge mit dem Bus und mit der Straßenbahn

Wycieczki autobusem i tramwajem

[vɨt͡ɕɛt͡ʂkʲi autɔbusɛm i tramvajɛm]

autobus [autɔbus]	der Autobus, der Bus
przystanek autobusowy [pʂɨstanɛk autɔbusɔvɨ]	die Bushaltestelle
tramwaj [tramvaj]	die Straßenbahn

Gdzie jest przystanek tramwajowy?

[gd͡ʑɛ jɛst pʂɨstanɛk tramvajɔvɨ]

Wo ist die Straßenbahnhaltestelle?

przystanek tramwajowy [pʂɨstanɛk tramvajɔvɨ]	die Straßenbahnhaltestelle
bilet [bʲilɛt]	die Fahrkarte
kontroler biletów [kɔntrɔlɛr bʲilɛtuf]	der Kontrolleur
kara [kara]	die Geldstrafe

Gdzie jest...?

[gd͡ʑɛ jɛst]

Wo ist ...?

Gdzie jest przystanek autobusowy?

[gd͡ʑɛ jɛst pʂɨstanɛk autɔbusɔvɨ]

Wo ist die Bushaltestelle?

światła

[ˈɕf͡ja.twa]

die Ampel

motocykl

[mɔtɔt͡sɨkl]

das Motorrad

rower

[rɔvɛr]

das Fahrrad

samochód

[samɔxud]

das Auto

Auf eigene Faust unterwegs mit dem Auto, Motorrad, Fahrrad und zu Fuß

Samodzielne podróżowanie samochodem, motocyklem, rowerem oraz pieszo

[samɔd͡ʑɛlnɛ pɔdruʐɔvaɲɛ samɔxɔdɛm, mɔtɔt͡sɨklɛm, rɔvɛrɛm ɔras pʲɛʂɔ]

ulica [ulʲit͡sa]	die Straße
skrzyżowanie [skʂɨʐɔvaɲɛ]	die Kreuzung
iść / jechać prosto [iɕt͡ɕ / jɛxat͡ɕ prɔstɔ]	geradeaus gehen/fahren
skręcić w prawo [skrɛɲt͡ɕit͡ɕ f pravɔ]	rechts abbiegen
skręcić w lewo [skrɛɲt͡ɕit͡ɕ v lɛvɔ]	links abbiegen
Gdzie jest stacja benzynowa? [gd͡ʑɛ jɛst stat͡sja bɛnzɨnɔva]	Wo ist eine Tankstelle?
tutaj [tutaj]	hier
tam [tam]	dort
blisko [blʲiskɔ]	nah
daleko [dalɛkɔ]	weit
ubezpieczenie [ubɛspʲɛt͡ʂɛɲɛ]	die Versicherung
Jaką benzynę zatankować? [jakɔ̃w̃ bɛnzɨnɛ̃w̃ zatankɔvat͡ɕ?]	Welches Benzin soll ich tanken?

Kunst und Freizeitaktivitäten

Zajęcia artystyczne i rekreacyjne

[zajɛɲt͡ɕa artistit͡ʂnɛ i rɛkrɛat͡sijnɛ]

teatr
[tɛatr]
das Theater

opera
[ɔpɛra]
das Opernhaus

kino
[kʲinɔ]
das Kino

galeria sztuki
[galɛrʲa ʂtukʲi]
die Kunstgalerie

muzeum
[muzɛum]
das Museum

basen kryty
[basɛn kriti]
das Hallenbad

basen odkryty
[basɛn ɔtkriti]
das Freibad

sauna
[sauna]
die Sauna

park miejski
[park mʲɛjskʲi]
der Stadtpark

siłownia
[ɕiwɔvɲa]
das Fitnessstudio

Sehenswürdigkeiten

Atrakcje turystyczne [atrakt͡sjɛ turɨstɨt͡ʂnɛ]

Stare Miasto w Warszawie (Warszawa)
[starɛ mʲastɔ v varʂavʲɛ (varʂava)]

Zamek w Malborku (Malbork)
[zamɛk v malbɔrku (malbɔrk)]

Toruń
[tɔruɲ]

Białowieski Park Narodowy
[bʲawɔvʲɛskʲi park narɔdɔvɨ]

Krzywy Domek (Sopot)
[kʂɨvɨ dɔmɛk (sɔpɔt)]

Bieszczady (Rzeszów)
[bʲɛʂt͡ʂadɨ (ʐɛʂuv)]

Gdańsk (Pomorze)
[gdãj̃sk (pɔmɔʐɛ)]

Tatrzański Park Narodowy (Zakopane)
[tat·ʂãj̃skʲi park narɔdɔvɨ (zakɔpanɛ)]

Sehenswürdigkeiten

Atrakcje turystyczne [atrakt͡sjɛ turɨstɨt͡ʂnɛ]

Kraków
[krakuf]

Łódź
[wud͡ʑ]

Wieś Zalipie (Dąbrowa)
[vʲɛɕ zalʲipʲɛ (dɔmbrɔva)]

Tatry
[tatrɨ]

Ojcowski Park Narodowy
[ɔjt͡sɔfskʲi park narɔdɔvɨ]

Wrocław
[vrɔt͡swaf]

Poznań
[pɔznaɲ]

Bäckerei

piekarnia [pʲɛkarɲa]

chleb pełnoziarnisty

[xlɛp pɛwnɔʐarɲistɨ]

Vollkornbrot

chleb prądnicki

[xlɛp prɔndɲit͡skʲi]

Krakauer Roggenbrot

obwarzanek krakowski

[ɔbvaʐanɛk krakɔfskʲi]

Krakauer Bagel

chałka

[xawka]

Hefezopf

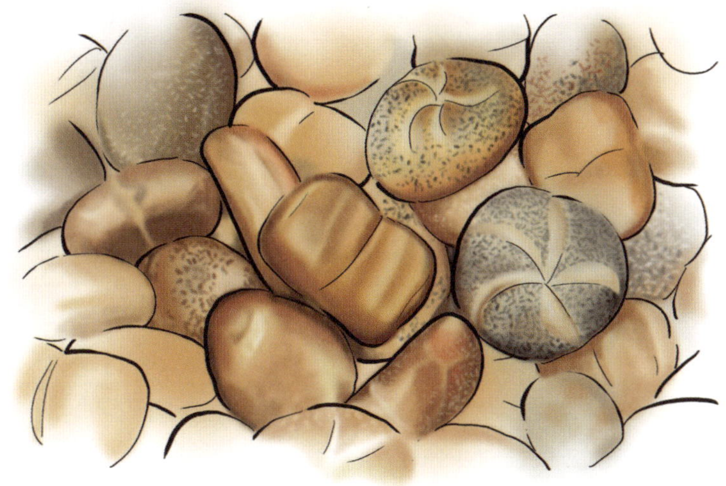

pieczywo

[pʲɛʧ̑ɨvɔ]

Backwaren

proziaki

[prɔʑakʲi]

Sodabrot

bułka

[buwka]

Brötchen

baranina
[baraɲina]
das Lammfleisch

In der Metzgerei

U rzeźnika [u zɛʑɲika]

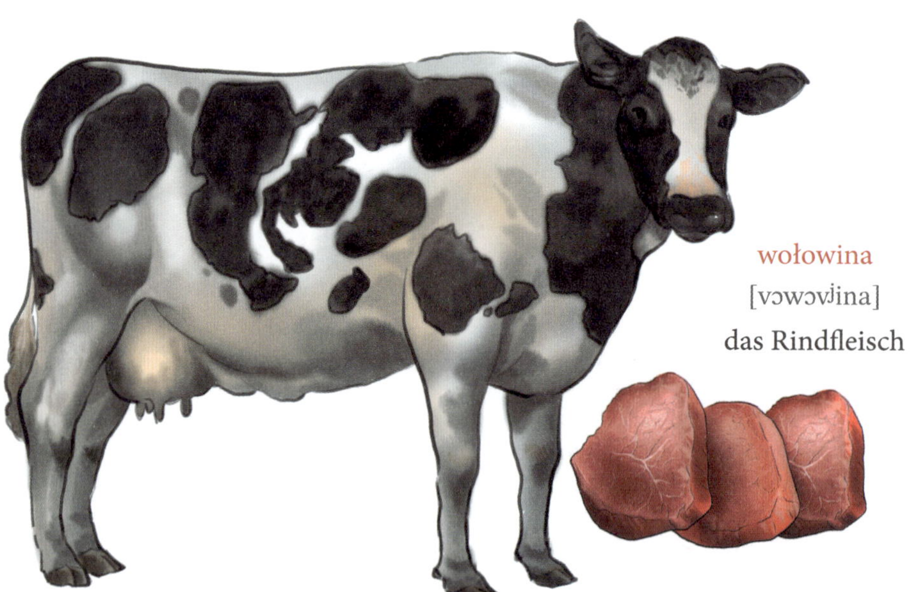

wołowina
[vɔwɔvʲina]
das Rindfleisch

kaczka

[kaʈ͡ʂka]

die Ente

królik

[kruʎik]

das Kaninchen

wieprzowina

[vʲɛpʂɔvʲina]

das Schweinefleisch

mięso drobiowe

[mʲɛ̃w̃sɔ drɔbʲɔvɛ]

das Hühnerfleisch

Im Fischgeschäft

W sklepie rybnym [f sklɛpʲɛ rɨbnɨm]

pstrąg
[pstrɔŋk]
die Forelle

ryba
[rɨba]
der Fisch

krewetka
[krɛvɛtka]
die Garnele

krab
[krap]
die Krabbe

dorsz
[dɔrʂ]
der Kabeljau

plamiak, łupacz
[plamʲak, wupat͡ʂ]
der Schellfisch

tuńczyk
[tuɲʧ͡ʂɨk]
der Thunfisch

kałamarnica
[kawamarɲiʦ͡a]
der Tintenfisch

flądra
[flɔndra]
die Scholle

łosoś
[wɔsɔɕ]
der Lachs

małże
[mawʐ̨ɛ]
die Miesmuscheln

ostryga
[ɔstrɨga]
die Auster

1
2
3
4
5
6
7
8
9

Im Gemüseladen

W warzywniaku [v vaz̧ɨvɲaku]

1. bakłażan [bakwaz̧an]
die Aubergine

2. ogórek [ɔgurɛk]
die Gurke

3. brokuł [brɔkuw]
der Brokkoli

4. karczoch [kart͡ʂɔx]
die Artischocke

5. kapusta pekińska [kapusta pɛkʲĩj̃ska]
der Chinakohl

6. groszek [grɔʂɛk]
die Erbsen

7. kalafior [kalafʲɔr]
der Blumenkohl

8. marchew [marxɛf]
die Möhre

9. bazylia [baziʎʲa]
das Basilikum

1. imbir [imbʲir]
der Ingwer

2. sałata (zielona) [sawata (ʑɛlɔna)]
der Kopfsalat

3. dynia [dɨɲa]
der Kürbis

4. migdały [mʲigdawɨ]
die Mandel

5. orzech ziemny [ɔʐɛx ʑɛmnɨ]
die Erdnuss

6. orzech laskowy [ɔʐɛx laskɔvɨ]
die Haselnuss

7. czosnek [t͡ʂɔsnɛk]
der Knoblauch

8. grzyb [gʐɨp]
der Pilz

9. ziemniak [ʑɛmɲak]
die Kartoffel

10. kukurydza [kukurɨd͡za]
der Mais

11. orzech włoski [ɔʐɛx vwɔskʲi]
die Walnuss

1
2
3
4
7
5
6
8
9
10
11

1
2
3
4
5
6
7
8
9
10

1. burak [burak]
die rote Beete

2. papryka [paprɨka]
die Paprika

3. cebula [t͡sɛbula]
die Zwiebel

4. biała kapusta [bʲawa kapusta]
der Weißkohl

5. czerwona kapusta [t͡ʂɛrvɔna kapusta]
der Rotkohl

6. szparagi [ʂparagʲi]
der Spargel

7. pomidor [pɔmʲidɔr]
die Tomate

8. cukinia [t͡sukʲiɲa]
die Zucchini

9. seler [sɛlɛr]
der Sellerie

10. szpinak [ʂpʲinak]
der Spinat

jabłko
[jabwkɔ]
der Apfel

zielone jabłko
[ʑɛlɔnɛ jabwkɔ]
der grüne Apfel

gruszka
[gruʂka]
die Birne

wiśnia
[vʲiɕɲa]
die Kirsche

śliwka
[ɕlʲifka]
die Pflaume

oliwka
[ɔlʲifka]
die Olive

kokos
[kɔkɔs]
die Kokosnuss

truskawka
[truskafka]
die Erdbeere

ananas
[ananas]
die Ananas

granat
[granat]
der Granatapfel

jeżyna
[jɛẓɨna]
die Brombeere

malina
[malʲina]
die Himbeere

Im Obstladen

W sklepie z owocami [f sklɛpʲɛ z ɔvɔt͡samʲi]

jagoda
[jagɔda]
die Blaubeere

czarna porzeczka
[t͡ʂarna pɔẓɛt͡ʂka]
die schwarze Johannisbeere

czerwona porzeczka
[t͡ʂɛrvɔna pɔẓɛt͡ʂka]
die rote Johannisbeere

limonka
[lʲimɔnka]
die Limette

cytryna
[t͡sɨtrɨna]
die Zitrone

awokado
[avɔkadɔ]
die Avocado

brzoskwinia
[bʐɔskfʲiɲa]
der Pfirsich

papaja
[papaja]
die Papaya

banan
[banan]
die Banane

mango
[mangɔ]
die Mango

pomarańcz
[pɔmaraɲt͡ʂ]
die Orange

mandarynka
[mandarɨnka]
die Mandarine

arbuz
[arbus]
die Wassermelone

winogrono
[vʲinɔgrɔnɔ]
die Weintraube

melon
[mɛlɔn]
die Melone

kiwi
[kʲivʲi]
die Kiwi

Getränke

Napoje [napɔjɛ]

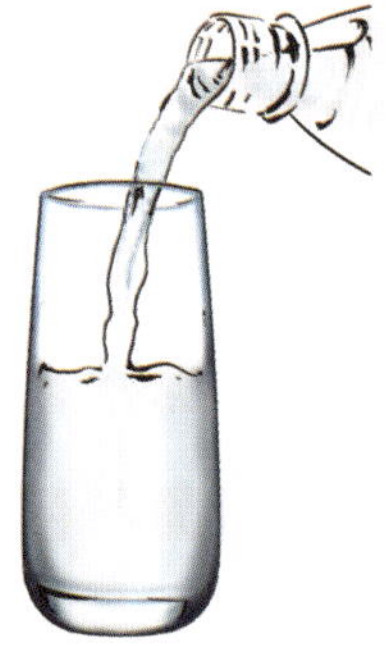

woda gazowana
[vɔda gazɔvana]
das (Mineral)wasser mit Kohlensäure

woda niegazowana
[vɔda ɲɛgazɔvana]
das stille Wasser

woda mineralna
[vɔda mʲinɛralna]
das Mineralwasser

lemoniada
[lɛmɔɲada]
die Limonade

napoje gazowane
[napɔjɛ gazɔvanɛ]
die Erfrischungsgetränke

kompot
[kɔmpɔt]
Kompot

sok marchwiowy
[sɔk marxfʲɔvɨ]
der Karottensaft

sok ananasowy
[sɔk ananasɔvɨ]
der Ananassaft

sok jabłkowy
[sɔk jabwkɔvɨ]
der Apfelsaft

sok pomidorowy
[sɔk pɔmʲidɔrɔvɨ]
der Tomatensaft

sok pomarańczowy
[sɔk pɔmaraɲt͡ʂɔvɨ]
der Orangensaft

sok winogronowy
[sɔk vʲinɔgrɔnɔvɨ]
der Traubensaft

In der Bar

Przy barze [pʂɨ baʐɛ]

deptucha
[dɛptuxa]
Alkoholisches Getränk mit Ziegenmilch

duch puszczy
[dux puʂt͡ʂɨ]
Selbstgebrannter Schnaps

miodula
[mʲɔdula]
Honig Alkohol

piwo
[pʲivɔ]
Bier

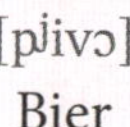

Starka
[starka]
Polnischer Kornwodka

Żubrówka
[ʐubrufka]
Bisongras Wodka

czerwone wino
[t͡ʂɛrvɔnɛ vʲinɔ]
Rotwein

białe wino
[bʲawɛ vʲinɔ]
Weißwein

różowe wino
[ruʐɔvɛ vʲinɔ]
Roséwein

Życie jest zbyt krótkie, żeby pić kiepskie wino.

[ʑɨt͡ɕɛjɛst zbɨt krutkʲɛ,ʐɛbɨ pʲit͡ɕkʲɛpskʲɛ vʲinɔ.]

Das Leben ist viel zu kurz, um schlechten Wein zu trinken.

Johann Wolfgang von Goethe

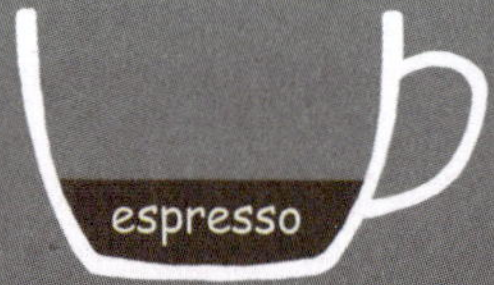

espresso

[ɛsprɛssɔ]

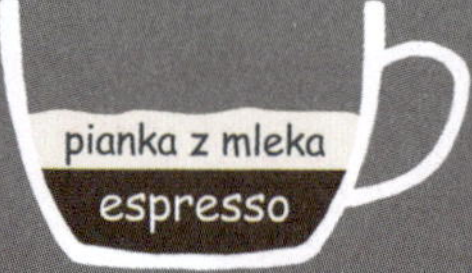

espresso macchiato

[ɛsprɛssɔ mat͡sxʲatɔ]

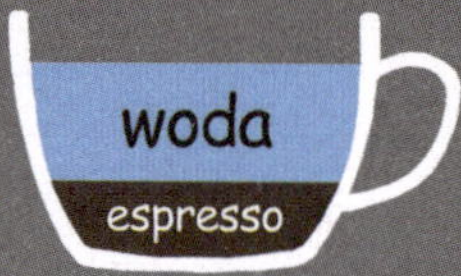

americano

[amɛrʲit͡sanɔ]

kawa affogato (espresso z lodami)

[kava affɔgatɔ (ɛsprɛssɔ z lɔdamʲi)]

Im Café

W kawiarni [f kavʲarɲi]

espresso

Kaffee mit sehr kräftigem Geschmack

espresso macchiato

doppelter Espresso mit etwas Milchschaum

americano

Espresso mit Wasser verdünnt

kawa affogato (espresso z lodami waniliowymi)

Espresso mit Vanilleeis

kawa z mlekiem

[kava z mlɛkʲɛm]

cappuccino

[t͡sapput͡st͡ɕinɔ]

mokka

[mɔkka]

gorąca czekolada

[gɔrɔnt͡sa t͡ʂɛkɔlada]

gorące mleko

[gɔrɔnt͡sɛ mlɛkɔ]

kawa z mlekiem
Milchkaffee
cappuccino
Espresso mit etwas heißer Milch und Milchschaum
mokka
Espresso mit Schokoladensirup und etwas Milchschaum
gorąca czekolada
heiße Schokolade
gorące mleko
heiße Milch

1
2
3
Tee
herbata
[hɛrbata]
4
5
6

1. czarna herbata

[t͡ʂarna hɛrbata]

schwarzer Tee

2. biała herbata

[bʲawa hɛrbata]

weißer Tee

3. zielona herbata

[ʑɛlɔna hɛrbata]

grüner Tee

4. herbata owocowa

[hɛrbata ɔvɔt͡sɔva]

Früchtetee

5. herbata cytrynowa

[hɛrbata t͡sɨtrɨnɔva]

Zitronentee

6. herbata ziołowa

[hɛrbata ʑɔwɔva]

Kräutertee

Przepraszam, chciałabym zamówić.

[pʂɛpraʂam, xt͡ɕawabɨm zamuvʲit͡ɕ]

Entschuldigung!
Ich würde gerne bestellen.

Co mógłby pan polecić ?

[t͡sɔ mugwbɨ pan pɔlɛt͡ɕit͡ɕ]

Was können Sie mir empfehlen?

Im Restaurant

W restauracji [v rɛstaurat͡sjʲi]

restauracja [rɛstaurat͡sja] das Restaurant

menu (karta dań) [mɛnu (karta daɲ)] die Speisekarte

przystawka [pʂɨstafka] die Vorspeise

danie główne [daɲɛ gwuvnɛ] das Hauptgericht

deser [dɛsɛr] der Nachtisch

Czy mają państwo stolik dla dwojga? [t͡ʂɨ majɔ̃w̃ paj̃stfɔ stɔlʲik dla dvɔjga]	Haben Sie einen Tisch für zwei Personen?
Jakie jest danie dnia? [jakʲɛ jɛst daɲɛ dɲa]	Gibt es ein Tagesmenü?
Co mógłaby pani polecić? [t͡sɔ mugwabɨ paɲi pɔlɛt͡ɕit͡ɕ?]	Was können Sie mir empfehlen?
Chiałbym(/Chciałabym)… [xʲawbɨm(/xt͡ɕawabɨm)]	Ich hätte gerne ...

posiłek	[pɔɕiwɛk]	die Mahlzeit
śniadanie	[ɕɲadaɲɛ]	das Frühstück
obiad	[ɔbʲat]	das Mittagessen
kolacja	[kɔlat͡sja]	das Abendessen

Smacznego!

[smat͡ʂnɛgɔ]

Guten Appetit!

Czy mogę prosić o rachunek?

[t͡ʂɨ mɔgɛ̃w̃ prɔɕit͡ɕ ɔ raxunɛk]

Die Rechnung, bitte.

Jedzenie było bardzo dobre!
[jɛd͡zɛɲɛ bɨwɔ bard͡zɔ dɔbrɛ]
Das Essen war sehr gut!

Pyszne!
[pɨʂnɛ]
Köstlich!

Reszty nie trzeba.
[rɛʂtɨ ɲɛ t·ʂɛba]
Stimmt so.

napiwek
[napʲivɛk]
das Trinkgeld

pieprz
[pʲɛpʂ̮]
der Pfeffer

sól
[sul]
das Salz

Die Gewürze

Przyprawy [pʂ̮ɨpravɨ]

chili
[xʲilʲi]
das Chilipulver

pesto
[pɛstɔ]
das Pesto

przyprawa curry
[pʂ̮ɨprava t͡surrɨ]
das Currypulver

musztarda
[muʂtarda]
der Senf

keczup
[kɛt͡ʂup]
der Tomatenketchup

majonez
[majɔnɛs]
die Mayonnaise

cukier
[t͡sukʲɛr]
der Zucker

słodzik
[swɔd͡ʑik]
der Süßstoff

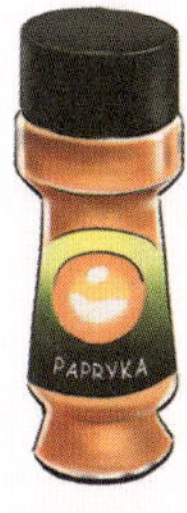

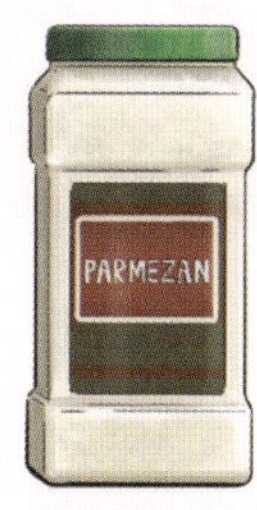

papryka (przyprawa)
[paprɨka (pʂɨprava)]
das Paprikapulver

parmezan
[parmɛzan]
der Parmesankäse

sos sojowy
[sɔs sɔjɔvɨ]
die Sojasoße

dżem truskawkowy

[d͡ʐɛm truskafkɔvɨ]

die Erdbeermarmelade

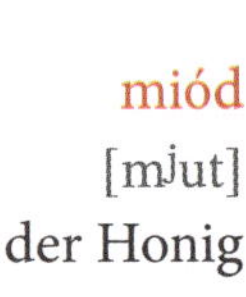

miód

[mʲut]

der Honig

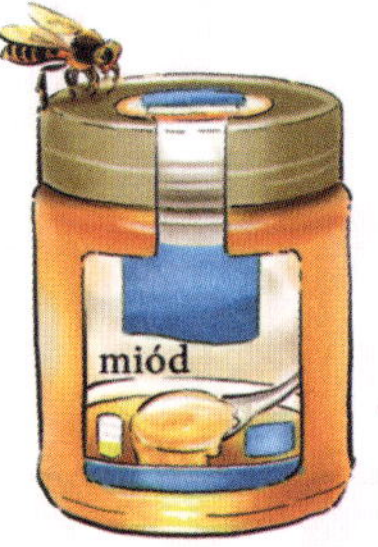

masło

[maswɔ]

die Butter

marmolada pomarańczowa

[marmɔlada pɔmaraɲt͡ʂɔva]

die Orangenmarmelade

tost

[tɔst]

der Toast

kanapki Trześniewskiego

[kanapkʲi t·ʂɛɕɲɛfskʲɛgɔ]

Trzesniewski Butterbrote

jajecznica

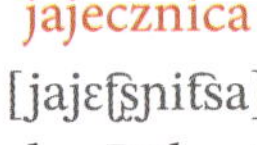

[jajɛt͡ʂɲit͡sa]

das Rührei

Das Frühstück

Śniadanie [ɕɲadaɲɛ]

jajko sadzone
[jajkɔ sad͡zɔnɛ]
das Spiegelei

musli
[muslʲi]
das Müsli

śniadanie
[ɕɲadaɲɛ]
Frühstück

jogurt
[jɔgurt]
der Joghurt

jajko na mięko
[jajkɔ na mʲɛŋkɔ]
das gekochte Ei

Das Hauptgericht

Danie główne [daɲɛ gwuvnɛ]

bigos
[bʲigɔs]
Bigos

gołąbki
[gɔwɔmpkʲi]
Kohlrouladen

kopytka
[kɔpɨtka]
Kartoffelknödel

żurek
[ʐurɛk]
saure Mehlsuppe

mizeria
[mʲizɛrʲa]
Gurkensalat

zupa ogórkowa
[zupa ɔgurkɔva]
Gurkensuppe

pierogi
[pʲɛrɔɡʲi]
Piroggen

wątróbka wieprzowa z cebulą
[vɔntrupka vʲɛpʂɔva s t͡sɛbulɔ̃w̃]
Schweineleber mit Zwiebeln

krokiety
[krɔkʲɛtɨ]
Kroketten

barszcz czerwony
[barʂt͡ʂ t͡ʂɛrvɔnɨ]
Rote-Bete-Suppe

flaki
[flakʲi]
Kuttelsuppe

sałatka jarzynowa
[sawatka jaʐɨnɔva]
Gemüsesalat

rosół
[rɔsuw]
Hühnersuppe

Süßspeisen

deser [dɛsɛr]

1. makowiec [makɔvʲɛt͡s]
2. mazurek [mazurɛk]
3. naleśniki [nalɛɕɲikʲi]
4. pączki. [pɔŋt͡ʂkʲi]
5. piernik [pʲɛrɲik]
6. rurki z kremem [rurkʲi s krɛmɛm]
7. racuchy [rat͡suxɨ]
8. babka [bapka]
9. faworki [favɔrkʲi]
10. kremówki [krɛmufkʲi]
11. sernik [sɛrɲik]

1
3
2
4
5
7
6
8
9
10
11

Einkaufsmöglichkeiten

Miejsca do robienia zakupów

[mʲɛjsʦa dɔ rɔbʲɛɲa zakupuf]

Biedronka
Dino
Społem
Tesco
LIDL
Carrefour
Kaufland
Żabka
E.Leclerc
Aldi
Netto
Stokrotka
Auchan

centrum handlowe

[t͡sɛntrum handlɔvɛ]

das Einkaufszentrum

sklep

[sklɛp]

das Geschäft

supermarket

[supɛrmarkɛt]

der Supermarkt

dom towarowy

[dɔm tɔvarɔvɨ]

das Kaufhaus

Alles, was das Herz begehrt

Wszystko, czego dusza zapragnie

[fʂɨstkɔ, t͡ʂɛgɔ duʂa zapragɲɛ]

perfumeria

[pɛrfumɛrʲa]

die Parfümerie

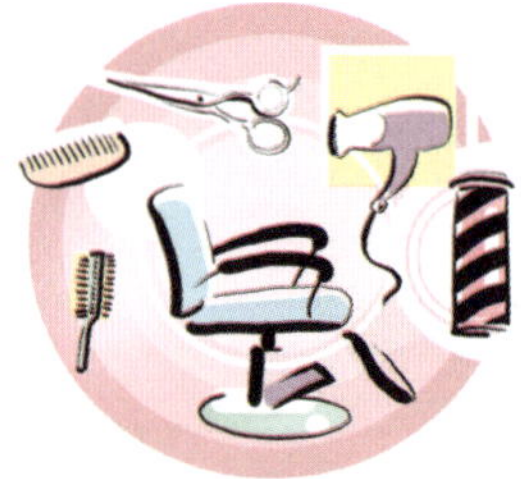

salon fryzjerski

[salɔn frɨzjɛrskʲi]

der Friseursalon

sklep z biżuterią

[sklɛp z bʲiʐutɛrʲɔ̃w̃]

das Juweliergeschäf

kwiaciarnia

[kfʲat͡ɕarɲa]

der Blumenladen

butik
[butʲik]
die Modeboutique

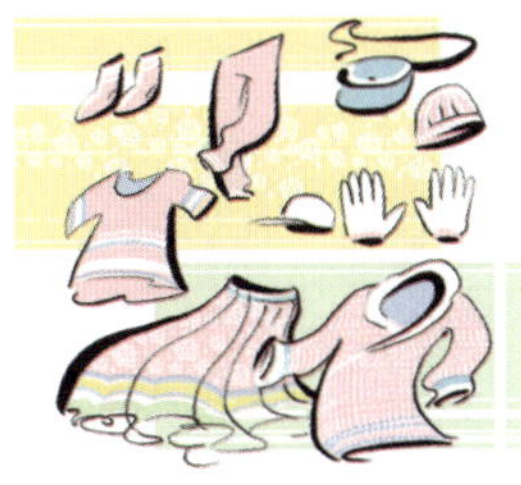

sklep obuwniczy
[sklɛp ɔbuvɲit͡ʂɨ]
das Schuhgeschäft

sklep z pamiątkami
[sklɛp s pamʲɔntkamʲi]
der Souvenirladen

sklep z antykami
[sklɛp z antɨkamʲi]
das Antiquitätengeschäft

Chciałbym (/Chciałabym) / Proszę… [xt͡ɕawbɨm (/xt͡ɕawabɨm) / prɔʂɛ͂w̃]	Ich möchte ...
koszulę. [kɔʂulɛ]	ein Hemd.
parę spodni. [parɛ͂w̃ spɔdɲi]	eine Hose.
parę butów. [parɛ͂w̃ butuf]	ein Paar Schuhe.
parę skarpetek. [parɛ͂w̃ skarpɛtɛk]	ein Paar Strümpfe.
dwie bluzki. [dvʲɛ bluskʲi]	zwei Blusen.
trzy kurtki. [t·ʂɨ kurtkʲi]	drei Jacken.
cztery spódnice. [t͡ʂtɛrɨ spudɲit͡sɛ]	vier Röcke.
pięć płaszczy. [pʲɛɲt͡ɕ pwaʂt͡ʂɨ]	fünf Mäntel.

Polnisch	Deutsch
Ile to kosztuje? [ilɛ tɔ kɔʂtujɛ]	Wie viel kostet das?
To kosztuje… złote/ złotych. [tɔ kɔʂtujɛ zwɔtɛ/ zwɔtɨx]	Das kostet ... Złoty.
To jest bardzo drogie. [tɔ jɛst bard͡zɔ drɔgʲɛ]	Das ist sehr teuer.
Czy mógłby pan (/mogłaby pani) obniżyć cenę? [t͡ʂɨ mugwbɨ pan (/mɔgwabɨ paɲi) ɔbɲiʐɨt͡ɕ t͡sɛnɛ̃w̃?]	Können Sie mir das günstiger verkaufen?
To jest bardzo tanie. [tɔ jɛst bard͡zɔ taɲɛ]	Das ist sehr billig.
Wystarczy, dziękuję. [vɨstart͡ʂɨ, d͡ʑʲɛŋkujɛ̃w̃]	Danke, das ist genug.
Cena jest rozsądna. [t͡sɛna jɛst rɔssɔndna]	Der Preis ist angemessen.
To jest zbyt krótkie / zbyt długie. [tɔ jɛst zbɨt krutkʲɛ / zbɨt dwugʲɛ]	Das ist zu kurz / zu lang.
To jest zbyt luźne / zbyt ciasne. [tɔ jɛst zbɨt luʑnɛ / zbɨt t͡ɕasnɛ]	Das ist zu weit / zu eng.

Czy mogłabym to przymierzyć?

[t͡ʂɨ mɔgwabɨm tɔ pʂɨmʲɛʐɨt͡ɕ]

Kann ich das anprobieren?

Gdzie jest przymierzalnia?

[gd͡ʑɛ jɛst pʂɨmʲɛʐalɲa]

Wo ist die Umkleidekabine?

[ɔfɛrta spɛt͡sjalna]

Sonderangebot

obniżona cena

[v ɔbɲiz̧ɔna t͡sɛna]

ermäßigter Preis

promocja

[prɔmɔt͡sja]

Werbeaktion

zniżka

[zɲiszka]

Rabatt

Die Farben

Kolory [kɔlɔrɨ]

biały
[bʲawɨ]
weiß

czarny
[t͡ʂarnɨ]
schwarz

pomarańczowy
[pɔmaraɲt͡ʂɔvɨ]
orange

brązowy
[brɔ̃w̃zɔvɨ]
braun

szary
[ʂarɨ]
grau

jasnoniebieski
[jasnɔɲɛbʲɛskʲi]
hellblau

jasne	ciemne
[jasnɛ]	[t͡ɕɛmnɛ]
hell	dunkel

czerwony
[t͡ʂɛrvɔnɨ]
rot

różowy
[ruʐɔvɨ]
rosa

żółty
[ʐuwtɨ]
gelb

zielony
[ʑɛlɔnɨ]
grün

ciemnoniebieski
[t͡ɕɛmnɔɲɛbʲɛskʲi]
dunkelblau

fioletowy
[fʲɔlɛtɔvɨ]
lila

Die Zahlen

Liczby [lʲit͡ʂbɨ]

0	zero	[zɛrɔ]
1	jeden	[jɛdɛn]
2	dwa	[dva]
3	trzy	[tʂɨ]
4	cztery	[t͡ʂtɛrɨ]
5	pięć	[pʲɛɲt͡ɕ]
6	sześć	[ʂɛɕt͡ɕ]
7	siedem	[ɕɛdɛm]
8	osiem	[ɔɕɛm]
9	dziewięć	[d͡ʑɛvʲɛɲt͡ɕ]
10	dziesięć	[d͡ʑɛɕɛɲt͡ɕ]
11	jedenaście	[jɛdɛnaɕt͡ɕɛ]
12	dwanaście	[dvanaɕt͡ɕɛ]
13	trzynaście	[t·ʂɨnaɕt͡ɕɛ]
14	czternaście	[t͡ʂtɛrnaɕt͡ɕɛ]
15	piętnaście	[pʲɛntnaɕt͡ɕɛ]
16	szesnaście	[ʂɛsnaɕt͡ɕɛ]
17	siedemnaście	[ɕɛdɛmnaɕt͡ɕɛ]
18	osiemnaście	[ɔɕɛmnaɕt͡ɕɛ]
19	dziewiętnaście	[d͡ʑɛvʲɛntnaɕt͡ɕɛ]
20	dwadzieścia	[dvad͡ʑɛɕt͡ɕa]
21	dwadzieścia jeden	[dvad͡ʑɛɕt͡ɕa jɛdɛn]
22	dwadzieścia dwa	[dvad͡ʑɛɕt͡ɕa dva]
23	dwadzieścia trzy	[dvad͡ʑɛɕt͡ɕa t·ʂɨ]
24	dwadzieścia cztery	[dvad͡ʑɛɕt͡ɕa t͡ʂtɛrɨ]
25	dwadzieścia pięć	[dvad͡ʑɛɕt͡ɕa pʲɛɲt͡ɕ]
26	dwadzieścia sześć	[dvad͡ʑɛɕt͡ɕa ʂɛɕt͡ɕ]

27	dwadzieścia siedem	[dvad͡ʑɛɕt͡ɕa ɕɛdɛm]
28	dwadzieścia osiem	[dvad͡ʑɛɕt͡ɕa ɔɕɛm]
29	dwadzieścia dziewięć	[dvad͡ʑɛɕt͡ɕa d͡ʑɛvʲɛɲt͡ɕ]
30	trzydzieści	[t·ʂɨd͡ʑɛɕt͡ɕi]
40	czterdzieści	[t͡ʂtɛrd͡ʑɛɕt͡ɕi]
50	pięćdziesiąt	[pʲɛɲt͡ɕd͡ʑɛɕɔnt]
60	sześćdziesiąt	[ʂɛɕt͡ɕd͡ʑɛɕɔnt]
70	siedemdziesiąt	[ɕɛdɛmd͡ʑɛɕɔnt]
80	osiemdziesiąt	[ɔɕɛmd͡ʑɛɕɔnt]
90	dziewięćdziesiąt	[d͡ʑɛvʲɛɲt͡ɕd͡ʑɛɕɔnt]
100	sto	[stɔ]
101	sto jeden	[stɔ jɛdɛn]
102	sto dwa	[stɔ dva]
200	dwieście	[dvʲɛɕt͡ɕɛ]
300	trzysta	[t·ʂɨsta]
400	czterysta	[t͡ʂtɛrɨsta]
500	pięćset	[pʲɛɲt͡ɕsɛt]
600	sześćset	[ʂɛɕt͡ɕsɛt]
700	siedemset	[ɕɛdɛmsɛt]
800	osiemset	[ɔɕɛmsɛt]
900	dziewięćset	[d͡ʑɛvʲɛɲt͡ɕsɛt]
1000	tysiąc	[tɨɕɔnt͡s]
10 000	dziesięć tysięcy	[d͡ʑɛɕɛɲt͡ɕ tɨɕɛnt͡sɨ]
100 000	sto tysięcy	[stɔ tɨɕɛnt͡sɨ]
1 000 000	milion	[mʲilʲɔn]

1

pierwsza / pierwszy

[pʲɛrfʂa / pʲɛrfʂi]

erste/r

2

druga/ drugi

[drugʲa / drugi]

zweite/r

3

trzecia / trzeci

[t·ʂɛt͡ɕa / t·ʂɛt͡ɕi]

dritte/r

vierte/r	czwarta / czwarty	[t͡ʂvarta / t͡ʂvarti]
fünfte/r	piąta / piąty	[pʲɔnta / pʲɔnti]
sechste/r	szósta / szósty	[ʂusta / ʂusti]
siebte/r	siódma / siódmy	[ɕudma / ɕudmi]
achte/r	ósma / ósmy	[usma / usmi]
neunte/r	dziewiąta / dziewiąty	[d͡ʑɛvʲɔnta / d͡ʑɛvʲɔnti]
zehnte/r	dziesiąta / dziesiąty	[d͡ʑɛɕɔnta / d͡ʑɛɕɔnti]

Wann denn?

Kiedy wtedy? [kʲɛdɨ ftɛdɨ]

wczoraj
[ft͡ʂɔraj]
gestern

wczoraj wieczorem
[ft͡ʂɔraj vʲɛt͡ʂɔrɛm]
letzten Abend

przedwczoraj
[pʂɛdft͡ʂɔraj]
vorgestern

w zeszłym tygodniu
[v zɛʂwɨm tɨgɔdɲu]
letzte Woche

w zeszłym roku
[v zɛʂwɨm rɔku]
letztes Jahr

dzisiaj
[d͡ʑiɕaj]

heute

---

jutro
[jutrɔ]

morgen

pojutrze
[pɔjut·ʂɛ]

übermorgen

---

w przyszłym tygodniu
[f pʂɨʂwɨm tɨgɔdɲu]

nächste Woche

w przyszłym roku
[f pʂɨʂwɨm rɔku]

nächstes Jahr

Rund um die Uhr

Dwadzieścia cztery godziny
[dvad͡ʑɛɕt͡ɕa t͡ʂtɛrɨ gɔd͡ʑinɨ]

czas [t͡ʂas]	die Uhrzeit
zegar [zɛgar]	die Uhr
sekunda [sɛkunda] sekundy [sɛkundɨ]	die Sekunde die Sekunden
minuta [mʲinuta] minuty [mʲinutɨ]	die Minute die Minuten
kwadrans [kfadrans]	ein Viertel
pół godziny [puw gɔd͡ʑinɨ]	eine halbe Stunde
godzina [gɔd͡ʑina] godziny [gɔd͡ʑinɨ]	eine Stunde die Stunden

ranek
[ranɛk]
der Morgen

południe
[pɔwudɲɛ]
der Mittag

popołudnie
[pɔpɔwudɲɛ]
der Nachmittag

wieczór
[vʲɛt͡ʂur]
der Abend

noc
[nɔt͡s]
die Nacht

północ
[puwnɔt͡s]
die Mitternacht

wcześnie
[ft͡ʂɛɕɲɛ]
früh

późno
[puʑnɔ]
spät

Która jest godzina?

[ktura jɛst gɔd͡ʑina]

Wie spät ist es?

7:10

Jest dziesięć po siódmej (rano).

[jɛst d͡ʑɛɕɛɲt͡ɕ pɔ ɕudmɛj (ranɔ)]

Es ist zehn nach sieben.

Jest pierwsza w nocy.

[jɛst pʲɛrfʂa v nɔt͡sɨ]

Es ist ein Uhr.

7:15

Jest kwadrans po siódmej.

[jɛst kfadrans pɔ ɕudmɛj]

Es ist Viertel nach sieben.

8: 00

Jest ósma (rano).

[jɛst usma (ranɔ)]

Es ist acht Uhr.

9:50
Jest za dziesięć dziesiąta (rano).
[jɛst za d͡ʑɛɕɛɲt͡ɕ d͡ʑɛɕɔnta (ranɔ)]
Es ist zehn vor zehn.

10:00
Jest dziesiąta (rano).
[jɛst d͡ʑɛɕɔnta (ranɔ)]
Es ist zehn Uhr.

10:10
Jest dziesięć po dziesiątej.
[jɛst d͡ʑɛɕɛɲt͡ɕ pɔ d͡ʑɛɕɔntɛj]
Es ist zehn nach zehn.

10:30
Jest wpół do jedenastej
(przed południem).
[jɛst fpuw dɔ jɛdɛnastɛjj
(pʂɛt pɔwudɲɛm).]
Es ist halb elf.

12:00

Jest południe.

[jɛst puwnɔt͡s]

Es ist Mittag.

19:55

Jest za pięć ósma (wieczorem).

[jɛst za pʲɛɲt͡ɕ usma (vʲɛt͡ʂɔrɛm)]

Es ist fünf vor acht Uhr abends.

22:00

Jest dziesiąta (wieczorem).

[jɛst d͡ʑɛɕɔnta (vʲɛt͡ʂɔrɛm)]

Es ist zehn Uhr abends.

00:00

Jest północ.

[jɛst puwnɔt͡s]

Es ist Mitternacht.

Die Wochentage Dni tygodnia [dɲi tigɔdɲa]

niedziela [ɲɛd͡ʑɛla]	poniedziałek [pɔɲɛd͡ʑawɛk]	wtorek [ftɔrɛk]
Sonntag	Montag	Dienstag

dzień pracy
[d͡ʑɛɲ prat͡sɨ] — der Werktag

weekend
[vɛɛkɛnt] — das Wochenende

święto
[ɕfʲɛntɔ] — der Feiertag

dzień wolny od pracy
[d͡ʑɛɲ vɔlnɨ ɔt prat͡sɨ] — der Ruhetag

środa	czwartek	piątek	sobota
[ɕrɔda]	[t͡ʂvartɛk]	[pʲɔntɛk]	[sɔbɔta]
Mittwoch	Donnerstag	Freitag	Samstag

Jaki jest dzisiaj dzień tygodnia?
[jakʲi jɛst d͡ʑiɕaj d͡ʑɛɲ tigɔdɲa]
Welchen Tag haben wir heute?

Dzisiaj jest poniedziałek.
[d͡ʑiɕaj jɛst pɔɲɛd͡ʑawɛk]
Heute ist Montag.

Jaką mamy dzisiaj datę?
[jakɔ̃w̃ mamɨ d͡ʑiɕaj datɛ̃w̃]
Welches Datum haben wir heute?

Jest dziesiąty stycznia.
[jɛst d͡ʑɛɕɔntɨ stɨt͡ʂɲa]
Es ist der 10. Januar.

Czy dzisiaj jest dzień wolny / święto?
[t͡ʂɨ d͡ʑiɕaj jɛst d͡ʑɛɲ vɔlnɨ/ ɕfʲɛntɔ]
Ist heute ein Feiertag?

1

styczeń

[stɨt͡ʂɛɲ]

Januar

2

luty

[lutɨ]

Februar

5

maj

[maj]

Mai

6

czerwiec

[t͡ʂɛrvʲɛt͡s]

Juni

9

wrzesień

[vʐɛɕɛɲ]

September

10

październik

[paʑd͡ʑɛrɲik]

Oktober

Die zwölf Monate des Jahres

Miesiące [mʲɛɕɔnt͡sɛ]

3
marzec
[maʐɛt͡s]
März

4
kwiecień
[kfʲɛt͡ɕɛɲ]
April

7
lipiec
[lʲipʲɛt͡s]
Juli

8
sierpień
[ɕɛrpʲɛɲ]
August

11
listopad
[lʲistɔpat]
November

12
grudzień
[grud͡ʑɛɲ]
Dezember

Das Wetter und die Jahreszeiten

Pogoda i pory roku [pɔgɔda i pɔrɨ rɔku]

wiosna [vʲɔsna] der Frühling	lato [latɔ] der Sommer
jesień [jɛɕɛɲ] der Herbst	zima [ʑima] der Winter

Jaka jest dziś pogoda? [jaka jɛst d͡ʑiɕ pɔgɔda]	Wie ist das Wetter heute?
Dzisiaj jest ładna pogoda. [d͡ʑiɕaj jɛst wadna pɔgɔda]	Das Wetter ist heute schön.
Jest słonecznie. [jɛst swɔnɛt͡ʂɲɛ]	Die Sonne scheint.
Dzisiaj jest brzydka pogoda. [d͡ʑiɕaj jɛst bʐɨtka pɔgɔda]	Das Wetter ist heute schlecht.
Jest gorąco. [jɛst gɔrɔnt͡sɔ]	Es ist heiß.
Jest bardzo gorąco. [jɛst bard͡zɔ gɔrɔnt͡sɔ]	Es ist sehr heiß.
Strasznie mi gorąco. [straʂɲɛ mʲi gɔrɔnt͡sɔ]	Mir ist sehr heiß.
Jest bardzo zimno. [jɛst bard͡zɔ ʑimnɔ]	Es ist sehr kalt.
Jest mi bardzo zimno. [jɛst mʲi bard͡zɔ ʑimnɔ]	Mir ist sehr kalt.
Jest wietrznie. [jɛst vʲɛt·ʂɲɛ]	Es ist windig.
Jest mgliście. [jɛst mglʲiɕt͡ɕɛ]	Es ist neblig.
Pada deszcz. [pada dɛʂt͡ʂ]	Es regnet.
Mży. [mʐɨ]	Es nieselt.
Pada śnieg. [pada ɕɲɛk]	Es schneit.

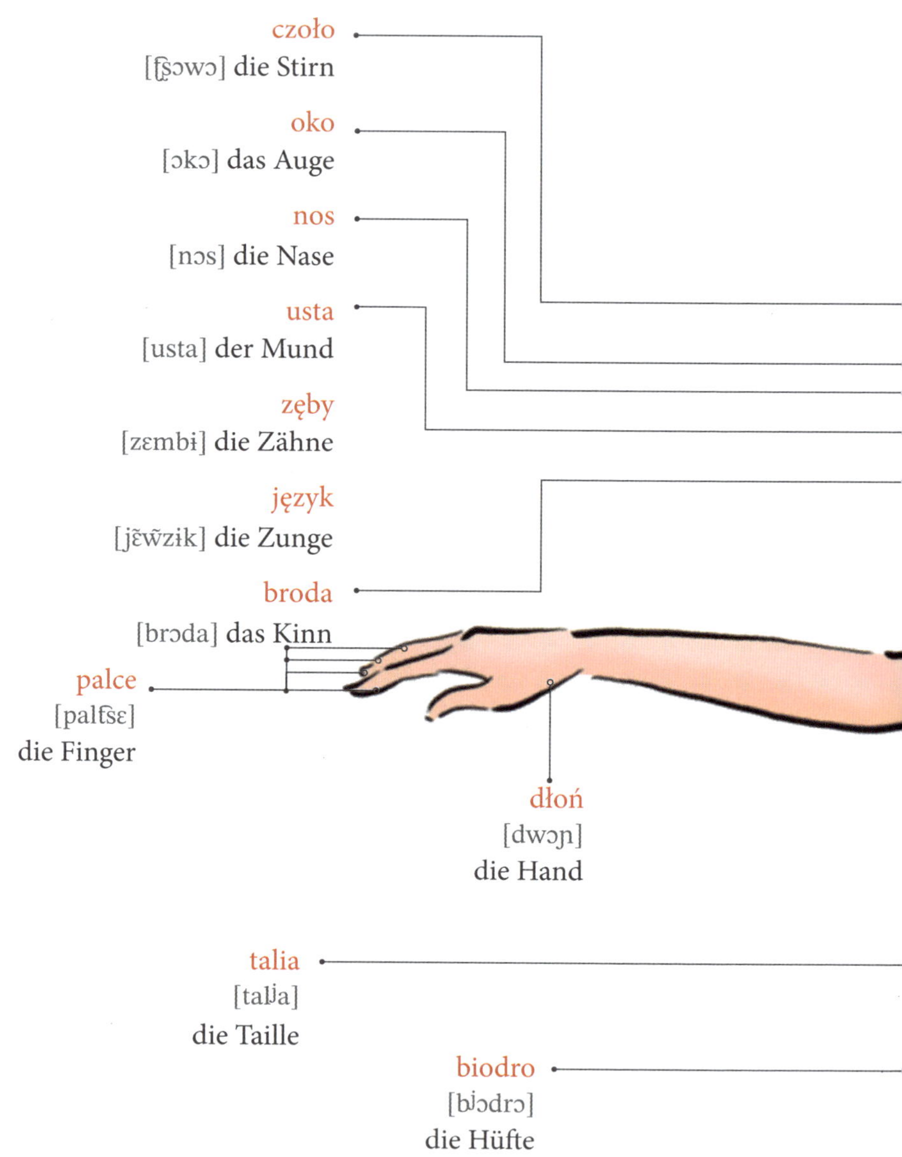

Die Körperteile

Części ciała [t͡ʂɛ̃w̃ɕt͡ɕi t͡ɕawa]

głowa
[gwɔva]
der Kopf
twarz
[tfaʂ]
das Gesicht
ucho
[uxɔ]
das Ohr
policzek
[pɔlʲit͡ʂɛk]
die Wange
szyja
[ʂɨja]
der Hals

włosy
[vwɔsɨ]
die Haare
ramię
[ramʲɛ̃w̃]
die Schulter
dłoń
[dwɔɲ]
die Hand
plecy
[plɛt͡sɨ]
der Rücken
ciało
[t͡ɕawɔ]
der Körper

ręka
[rɛŋkã]
der Arm

łokieć
[wɔkʲɛt͡ɕ]
der Ellbogen

klatka piersiowa
[klatka pʲɛrɕɔva]
der Brustkorb

serce
[sɛrt͡sɛ]
das Herz

brzuch
[bʐux]
der Bauch

noga
[nɔga]
das Bein

kolano
[kɔlanɔ]
das Knie

stopa
[stɔpa]
der Fuß

Tätigkeiten des Alltags

Czynności dnia codziennego

[t͡ʂɨnnɔɕt͡ɕi dɲa t͡sɔd͡ʑɛnnɛgɔ]

budzić się
[bud͡ʑit͡ɕ ɕɛw̃]
aufwachen

wstawać
[fstavat͡ɕ]
aufstehen

myć zęby
[mɨt͡ɕ zɛmbɨ]
sich die Zähne putzen

brać prysznic
[brat͡ɕ prɨʂɲit͡s]
duschen

wziąć kąpiel
[vʑɔɲt͡ɕ kɔmpʲɛl]
ein Bad nehmen

gotować
[gɔtɔvat͡ɕ]
kochen

jeść
[jɛɕt͡ɕ]
essen

pić
[pʲit͡ɕ]
trinken

przyglądać się
[pʂɨglɔndat͡ɕ ɕɛ̃w̃]
anschauen

pisać
[pʲisat͡ɕ]
schreiben

czytać
[t͡ʂɨtat͡ɕ]
lesen

czekać
[t͡ʂɛkat͡ɕ]
warten

spotykać się
[spɔtɨkat͡ɕ ɕɛ̃w̃]
sich treffen

dawać
[davat͡ɕ]
geben

szczęśliwa
[ʂt͡ʂɛ̃w̃ɕlʲiva]
glücklich

tańczyć
[taɲt͡ʂɨt͡ɕ]
tanzen

śmiać się
[ɕmʲat͡ɕ ɕɛ̃w̃]
lachen

płakać
[pwakat͡ɕ]
weinen

spacerować
[spat͡sɛrɔvat͡ɕ]
gehen

rozmawiać przez telefon
[rɔzmavʲat͡ɕ pʂɛs tɛlɛfɔn]
telefonieren

uprawiać sport
[upravʲat͡ɕ spɔrt]
Sport treiben

malować
[malɔvat͡ɕ]
malen

obserwować
[ɔpsɛrvɔvat͡ɕ]
beobachten

śpiewać
[ɕpʲɛvat͡ɕ]
singen

robić zdjęcia
[rɔbʲit͡ɕ zdjɛɲt͡ɕa]
fotografieren

bawić się dobrze
[bavʲit͡ɕ ɕɛ̃w̃ dɔbʐɛ]
sich amüsieren

sprzedawać
[spʂɛdavat͡ɕ]
verkaufen

kupować
[kupɔvat͡ɕ]
kaufen

pracować
[prat͡sɔvat͡ɕ]
arbeiten

uczyć się
[ut͡ʂɨt͡ɕ ɕɛw̃]
lernen

uczyć
[ut͡ʂɨt͡ɕ]
lehren

obejmować się
[ɔbɛjmɔvat͡ɕ ɕɛw̃]
umarmen

kochać
[kɔxat͡ɕ]
lieben

całować się
[t͡sawɔvat͡ɕ ɕɛw̃]
küssen

brać ślub
[brat͡ɕ ɕlup]
heiraten

Wenn man sich krank fühlt

Kiedy źle się czujesz [kʲɛdɨ ʑlɛ ɕɛ̃w̃ t͡ʂujɛʂ]

Źle się czuję. [ʑlɛ ɕɛ̃w̃ t͡ʂujɛ̃w̃]	Ich bin krank.
Chce mi się wymiotować. [xt͡sɛ mʲi ɕɛ̃w̃ vɨmʲɔtɔvat͡ɕ]	Ich muss mich übergeben.
Mam mdłości. [mam mdwɔɕt͡ɕi]	Mir ist übel.
Tutaj mnie boli. [tutaj mɲɛ bɔlʲi]	Hier tut es weh.
Mam gorączkę. [mam gɔrɔŋt͡ʂkɛ̃w̃]	Ich habe Fieber.
Boli mnie głowa. [bɔlʲi mɲɛ gwɔva]	Ich habe Kopfschmerzen.
Boli mnie brzuch. [bɔlʲi mɲɛ bʐux]	Ich habe Bauchschmerzen.

Boli mnie gardło. [bɔlʲi mɲɛ gardwɔ]	Ich habe Halsschmerzen.
Bolą mnie plecy. [bɔlɔ̃w̃ mɲɛ plɛt͡sɨ]	Ich habe Rückenschmerzen.
Boli mnie ząb. [bɔlʲi mɲɛ zɔmp]	Ich habe Zahnschmerzen.
Mam zatwardzenie. [mam zatfard͡zɛɲɛ]	Ich habe Verstopfung.
Mam biegunkę. [mam bʲɛgunkɛ̃w̃]	Ich habe Durchfall.
Mam alergię. [mam alɛrgʲɛ̃w̃.]	Ich habe eine Allergie.
Mam wysypkę. [mam vɨsɨpkɛ̃w̃]	Ich habe Ausschlag.

Apteka

[aptɛka] die Apotheke

szpital

[ʂpʲital]

das Krankenhaus

lekarstwo

[lɛkarstfɔ]

die Medizin

lekarz / lekarka

[lɛkaʂ / lɛkarka]

der Arzt / die Ärztin

dentysta / dentystka

[dɛntɨsta / dɛntɨstka]

der Zahnarzt / die Zahnärztin

okulista

[ɔkulʲista]

derAugenarzt / die Augenärztin

pielegniarz / pielęgniarka

[pʲɛlɛgɲaʂ / pʲɛlɛŋgɲarka]

der Krankenpfleger / die Krankenschwester

karetka

[karɛtka]

der Krankenwagen

Na zdrowie!

[na zdrɔvʲɛ]

Gesundheit!

Notfälle

Sytuacje awaryjne i nagłe wypadki

[situaʦjɛ avarɨjnɛ i nagwɛ vɨpatkʲi]

Gdzie jest toaleta?

[gʥɛ jɛst tɔalɛta]

Wo ist die Toilette?

Muszę iść do toalety.

[muʂɛ̃w̃ iɕʨ dɔ tɔalɛtɨ]

Ich muss zur Toilette gehen.

Czy jest w pobliżu toaleta publiczna?

[t͡ʂɨ jɛst f pɔblʲiʐu tɔalɛta publʲit͡ʂna]

Gibt es hier eine öffentliche Toilette?

Muszę natychmiast jechać do szpitala.

[mu̢ʂɛ̃w̃ natɨxmʲast jɛxat͡ɕ dɔ ʂpʲitala]

Ich muss sofort ins Krankenhaus.

Proszę zadzwonić na policję !

[prɔʂɛ̃w̃ zad͡zvɔɲit͡ɕ na pɔlʲit͡sjɛ̃w̃]

Rufen Sie bitte die Polizei!

Was sagen uns die Schilder?

Co oznaczają te znaki? [t͡sɔ ɔznat͡ʂajɔ̃w̃ tɛ znakʲi]

UWAGA
[uvaga]

ACHTUNG

PRZEJŚCIA NIE MA!
[pʂɛjɕt͡ɕa ɲɛ ma]

KEIN DURCHGANG

NIEBEZPIECZEŃSTWO ŚMIERCI
[ɲɛbɛspʲɛt͡ʂɛj̃stfɔ ɕmʲɛrt͡ɕi]

LEBENSGEFAHR

UWAGA SZKOŁA!
[uvaga ʂkɔwa]

ACHTUNG SCHULE

OBJAZD
[ɔbjast]

UMLEITUNG

PARKING TYLKO DLA
MIESZKAŃCÓW!
[parkʲink tɨlkɔ dla mʲɛʂkaɲt͡suf]

ANLIEGER FREI

DROGA JEDNOKIERUNKOWA
[drɔga jɛdnɔkʲɛrunkɔva]

EINBAHNSTRAßE

ZAKAZ PARKOWANIA
[zakas parkɔvaɲa]

PARKEN VERBOTEN

PARKING
[parkʲink]

PARKPLATZ

UWAGA, ZŁY PIES!
[uvaga, zwɨ pʲɛs]

VORSICHT! BISSIGER HUND

OBCYM WSTĘP WZBRONIONY!
[ɔpʦɨm fstɛmp vzbrɔɲɔnɨ]

UNBEFUGTEN IST
DER ZUTRITT VERBOTEN

PIERWSZA POMOC
[pʲɛrfʂa pɔmɔʦ]

ERSTE HILFE

PRZEJŚCIE DLA PIESZYCH
[pʂɛjɕʨɛ dla pʲɛʂɨx]

FUßGÄNGERÜBERWEG

DROGA EWAKUACYJNA
[drɔga ɛvakuat͡sɨjna]

FLUCHTWEG

POCZTA
[pɔt͡ʂ̻ta]

POST

ZAKAZ PALENIA
[zakas palɛɲa]

RAUCHEN VERBOTEN

NIE PRZESZKADZAĆ
[ɲɛ pʂ̻ɛʂ̻kad͡zat͡ɕ]

BITTE NICHT STÖREN

ZAKAZ JEDZENIA I PICIA
[zakaz jɛd͡zɛɲa i pʲit͡ɕa]

ESSEN UND TRINKEN VERBOTEN

(TOALETA) DAMSKA
[tɔalɛta damska]

DAMEN

(TOALETA) MĘSKA
[tɔalɛta mɛ̃w̃ska]

HERREN

WYJŚCIE EWAKUACYJNE

[vɨjɕt͡ɕɛ ɛvakuat͡sɨjnɛ]

NOTAUSGANG

OTWARTE

[ɔtfartɛ]

GEÖFFNET

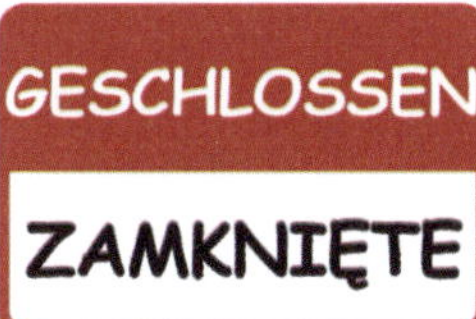

ZAMKNIĘTE

[zamkɲɛntɛ]

GESCHLOSSEN

PCHAĆ

[pxat͡ɕ]

DRÜCKEN

CIĄGNĄĆ

[t͡ɕɔŋgnɔɲt͡ɕ]

ZIEHEN

SAMOOBSŁUGA

[samɔɔpswuga]

SELBSTBEDIENUNG

REZERWACJA

[rɛzɛrvat͡sja]

RESERVIERT

Gefühlsausbrüche

Was kommt denn jetzt? Ein Thema über Gefühlsausbrüche? So seltsam der Titel klingen mag, es handelt sich dabei um ein ganz besonderes Kapitel, das du vermutlich in kaum einem anderen Sprachbuch finden wirst. Und schon gar nicht in einem, das sich mit dem Erstkontakt einer fremden Sprache beschäftigt. Auch wenn du dir bis jetzt noch nichts darunter vorstellen kannst, kann ich dir schon einmal verraten, dass das Thema ein bisschen heikel werden wird. Ich begebe mich damit auf eine regelrechte Gratwanderung.

Du willst dich bei deinem ersten Besuch in Polen mit deinem Sprachverständnis doch ganz sicher nicht blamieren, oder? Damit das nicht passiert, gibt es dieses Kapitel, das dir hilft Fettnäpfchen zu vermeiden. Aber erst einmal will ich dir erklären, was ich unter dem Begriff „Gefühlsausbrüche“ verstehe und was das Kapitel in diesem Buch verloren hat:

Gefühlsausbrüche gibt es nicht nur bei den Polen, sondern in jedem anderen Land der Welt. Jedes Kind wird von klein auf damit vertraut gemacht und verinnerlicht diese Form der Kommunikation. Aber ..., aber ... es ist nicht leicht, damit umzugehen.

Gefühlsausbrüche sind Wörter, die automatisch aus dem Mund rutschen ohne, dass man darüber nachgedacht hat. Schwupps, sind sie da und rückgängig machen kann man sie nicht.

Gefühlsausbrüche haben die Aufgabe, eine aufgebrachte Seele wieder zur Ruhe zu bringen, wenn sie zuvor durch Zorn, Enttäuschung, Erschrecken, Verwunderung, Entzückung oder Ähnliches in Wallung geraten ist. Man könnte sie auch als seelische Turbulenzenberuhiger bezeichnen.

Gefühlsausbrüche gibt es in unterschiedlichen Graden und Stärken. Diese Grade sind stark abhängig von der jeweiligen Bedeutung, Betonung oder Situation, in denen sie ausgesprochen werden. Leichte Gefühlsausbrüche kann man im Selbstgespräch einfach vor sich hin murmeln, zur leichten Abkühlung der Seele. Starke Gefühlsausbrüche sind oft schlimme, tiefe verletzende Beschimpfungen für andere Mitmenschen.

Jetzt kannst du vielleicht ahnen, weshalb das Thema so schwierig, ja fast schon vulgär sein kann. Hörst du als Ausländer den Polen beim Sprechen zu, werden deine Ohren sehr, sehr oft auf Schimpfwörter stoßen. Vermutlich fällt den Polen selber der häufige Gebrauch beim Sprechen gar nicht auf.

Aber Schimpfwörter sind nicht spezifisch für die polnische Sprache. Schimpfwörter gibt es in jeder Sprache und in jeder Sprache werden sie ähnlich unbewusst und häufig im Alltag eingesetzt.

Die Polen sind strengstens auf die Aufrechthaltung einer äußeren Form bedacht. Obwohl sie Peinlichkeiten vermeiden wollen, ändert das nichts daran, dass es die Gefühlsausbruchwörter auch in ihrer Sprache gibt.

Allen Menschen mit polnischer Muttersprache möchte ich an dieser Stelle versichern, dass ich mit dem Thema keinerlei böse Absicht verfolge. Meine Intention ist nicht, die polnische Sprache zu beschmutzen, sondern Neulingen in der polnischen Sprache gezielte Hilfe in herausfordernden Situationen anzubieten.

Hörst du als Anfänger Wörter, die ich im Folgenden als Gefühlsausbruchwörter näher erkläre, könnte es passieren, dass du diese aus Anpassungshöflichkeit in dem dir fremden Land nachsprichst.

Aber Vorsicht! Wenn du nicht den exakten Grad der Betonung findest, sie nicht in genau dem richtigen Augenblick einsetzt oder der Einsatz nicht der entsprechenden Beziehung zu deinem Gegenüber passt, könnte es sehr, sehr peinlich werden.

Also: Verschließe nicht deine Ohren, wenn du sie vernimmst, aber plappere sie auch nicht einfach nach. Kenne sie als Fremder gut, aber nutze sie ganz behutsam und nur dann, wenn du dir in der Anwendung hundert Prozent sicher bist!

Ein behutsamer Umgang mit Gefühlsausbrüchen wird dich vor einigen Peinlichkeiten bewahren. Zum Glück gibt es dieses Sprachbuch für dich!

Fangen wir also an:

Der erste Ausdruck von großer Verärgerung, mit dem wir uns beschäftigen, heißt: „Do diabła!“ [dɔ dʲabwa]

Dieser Ausdruck kann sich sowohl an eine Situation oder einen Umstand, wie auch an eine Person richten. Übersetzt heisst es: „zur Hölle!“ oder „zum Teufel!“ Das zählt schon zur Kategorie der derberen Ausdrücke für große Verärgerung. Da es sich aber nicht unbedingt an eine Person richten muss, sondern auch ein einen unerwünschten Umstand, lebt hierhin noch nicht die größte Gefahr, in ein Fettnäpfchen zu treten. Es kann aber schon Ausdruck einer persönlichen großen augenblicklichen Notsituation sein.

Der nächste emotionale Ausdruck lautet: „Kurczę blade!“ [kurt͡ʂɛ̃w̃ bɫadɛ]. Dieser Ausdruck ist im allgemeinen Sprachgebrauch gesellschaftlich anerkannt. Auf Deutsch bedeutet er: „Du heiliger Strohsack!“ oder „Du heilige Kuh!“ Natürlich wird dieser Ausdruck selten für eine tatsächliche Begegnung mit einem Strohsack oder mit einer Kuh verwendet. Vielmehr drückt der Ausruf die gegenwärtige Not eines unerwarteten und ungeliebten Umstandes mit meist ungeliebten oder überflüssigen Auswirkungen aus. Eine Situation, die uns solch einen Gefühlsausbruch äußern lässt, passt meist nicht in unser Konzept des Augenblicks und erschwert diesen.

Und der nächste Ausruf aus der Reihe der polnischen Gefühlsausbrüche heißt: „Rany boskie!“ [ranɨ bɔskʲɛ]. Haben wir beim „Do diabła!“ den Teufel oder dessen Wohnort, die Hölle, mit ins Spiel gebracht, so bringt man beim „Rany boskie!“ das Gegenteil, den Himmel, mit ins Spiel. Aber man verunglimpft diesen mit diesem Ausdruck nicht. Dafür sind die meisten polnischen Menschen aus tiefstem Herzen zu gläubig und würden das nie tun. „Liebe Güte!“ oder „Du lieber Himmel!“ wäre die korrekte Übersetzung dieses Gefühlsausbruchs. Und das drückt zwar auch Überraschung oder plötzlich entstandene kleinere oder größere Not aus, aber es verletzt niemanden.

Einer Verärgerung, die durch eine andere Person oder durch einen unglücklichen Umstand ausgelöst wurde, könnte man beispielsweise durch das polnische Gefühlsausbruchwort: „Cholera!“ [xɔlɛra] zum Ausdruck bringen. Gemeint ist damit aber nicht die ansteckende Erkrankung, sondern man würde „Verflucht!“ oder „Verdammt!“ dazu auf Deutsch sagen. Ein darauf passender Gefühlsausbruch des für diese unerfreuliche Situation Verantwortlichen könnte zum Beispiel: „O kurczę!“ [ɔ kurʧ͡ʂɛ̃w̃] sein, was „Oje!“ und damit eine schuldeinsehende Einsicht ausdrückt.

Der Gefühlsausbruch: „Zamknij się!“ [zamkɲij ɕɛ̃w̃] ist eine überaus unhöfliche Form jemanden zu verdeutlichen, dass er oder sie jetzt besser schweigen solle. Ins Deutsche übersetzt heisst das: „Halt die Klappe!“ oder noch etwas schärfer: „Halt die Schnauze!“ Klappe und Schnauze stehen in diesem Zusammenhang für den Mund des Gesprächspartners, der besser geschlossen bleiben sollte, um keine Erwiderungen zuzulassen.

Achtung! Jetzt nimmt der Inhalt der Gefühlsausbrüche an Schärfe zu! Die polnische Bevölkerung ist im Großen und Ganzen ein aussergewöhnlich höfliches, achtungsvolles und freundliches Volk, das niemanden verletzen oder beschämen will. Trotzdem kann man auch in Polen in Situationen geraten, wo der zornige Dampf der augenblicklichen Gefühle über einen gesteigerten Ausdruck abgelassen werden möchte. An dieser Stelle wird oft der Ausdruck: „Kurwa mać!“ [kurva mat͡ɕ] eingesetzt. Dies ist ein sehr unschönes Schimpfwort, das auf Deutsch so viel bedeutete, wie: „heilige Sch…“.

Der Vergleich zwischen einem Gegenüber und einem Körperteil, nämlich dem Anus, also dem Abschluss des Verdauungstraktes, wird in vielen Sprachen sehr gerne eingesetzt, wenn man seinen Gesprächspartner darüber informieren will, dass man ihn oder sie harsch ablehnt. Das polnische Wort dafür heisst: „Dupa!“

Ein polnisches Gefühlsausbruchwort ist für den Angesprochenen noch viel verletzender als „dupa“ und du solltest es auf jeden Fall vermeiden. Damit du es aber trotzdem kennst, möchte ich es nicht Polnisch ausschreiben, sondern es durch das Buchstabieralphabet kodieren. Du kannst dir das eigentlich Wort selber zusammensetzen, indem du nur die ersten Buchstaben der folgenden Wörter wieder zu einem Wort zusammensetzt. Das kodierte Wort lautet: „Samuel, Paula, Ida, Emil, Richard, Dora, Anton, Ludwig, Anton, Julius“. Übersetzt käme es dem Deutschen „Verpiss dich!“ nah. Aber dies ist ein Beispiel dafür, dass eine blanke, auch korrekte Übersetzung, trotzdem in die Irre führen kann, denn das, was das Deutsche „Verpiss dich!“ ausdrückt, ist sehr viel milder als dessen polnische Variante. Also bitte: meide es!

So, lieber Leser, liebe Leserin, es ist mir nicht leicht gefallen, dir dieses sensible und heikle Thema darzulegen. Aber mir ist es ein Anliegen, dir größtmögliche Sicherheit beim ersten Kontakt mit der polnischen Sprache zu schenken.

Dazu gehören nun einmal auch die Ausführungen über die Gefühlsausbruchwörter. Man könnte das Thema sicherlich noch weiter ausbreiten. Aber es reicht, wenn du eine klare Vorstellung davon hast, um einen möglichen Schritt in ein Fettnäpfchen zu vermeiden. Bedenke immer, dass die Gefühlsausbruchwörter unterschiedliche Stärken haben und Vielfältiges ausdrücken können. Sie werden von allen Gesellschaftsschichten verwendet. Du findest sie gleichermaßen in unterschiedlichen Gesellschaftsschichten.

Kommst du mit diesen Ausdrücken in Kontakt, versuche feinfühlig zu erspüren, ob der Sprecher ärgerlich, unzufrieden, wütend oder ob er fröhlich und verschmitzt wirkt. Und dann vermeide das eigene Aussprechen dieser dir jetzt bekannten Wörter tunlichst.

Es könnte nicht nur hochpeinlich für dich werden oder gar deine Gesundheit gefährden, sondern du könntest einem Mitmenschen bei nicht ganz sachgerechter Anwendung sehr, sehr wehtun.

Brawo!

[bravɔ]

Brawo!

Genialne!

[gɛɲalnɛ]

Brillant!!

Super!

[supɛr]

Super!

Doskonale!

[dɔskɔnalɛ]

Perfekt!

Komplimente

Komplementy [kɔmplɛmɛnti]

Cudownie!

[t͡sudɔvɲɛ]

Wunderbar!

Wspaniale!

[fspaɲalɛ]

Herrlich!

Romantisches

Romantyczne zwroty

[rɔmantɨt͡ʂnɛ zvrɔtɨ]

Jesteś taki przystojny.

[jɛstɛɕ takʲi pʂɨstɔjnɨ] Du bist so gut aussehend.

Masz piękne oczy.

[maʂ pʲɛŋknɛ ɔt͡ʂɨ] Du hast schöne Augen.

Jesteś wyjątkowa.

[jɛstɛɕ vɨjɔntkɔva] Du bist außergewöhnlich.

Bardzo cię lubię.

[bard͡zɔ t͡ɕɛ̃w̃ lubʲɛ̃w̃] Ich mag dich sehr.

Kocham cię.

[kɔxam t͡ɕɛ̃w̃] Ich liebe dich.

Bardzo cię kocham.

[bard͡zɔ t͡ɕɛ̃w̃ kɔxam] Ich liebe dich sehr.

Jesteś taka piękna!

[jɛstɛɕ taka pʲɛŋkna]

Du bist so schön!

Jesteś wspaniała.

[jɛstɛɕ fspaɲawa]

Du bist wundervoll.

Kocham cię.

[kɔxam t͡ɕɛ̃w̃]

Ich liebe dich.

Wyjdziesz za mnie?

[vɨjd͡ʑɛʂ za mɲɛ]

Willst du mich heiraten?

Jesteś śliczna.

[jɛstɛɕ ɕlʲit͡ʂna]

Du bist bezaubernd.

Land und Leute

Kraj i ludzie [kraj i ludʑɛ]

Wenn du etwas über die Gestalt und Form des Landes Polen erfahren möchtest, ist der einfachste Weg, dir die Landkarte anzusehen. Willst du etwas Näheres von den Leuten erfahren, wie sie denken, wie sie ihr Leben angehen, dann ist der direkteste Weg, einige Sprichwörter des Landes kennenzulernen. Sie verraten, wie die Menschen des Landes "ticken".

Sprichwörter sagen viel über Menschen aus. Sie sind meist über Jahrhunderte als Resultat von Erfahrungen, von Denk- und Lebensweisen der Menschen vor Ort entstanden. Über die Sprache wurden sie von Alt zu Jung weitervermittelt und mit ihnen auch das Gefühl und die Stimmung, die sie tragen. Hier sind ein paar wertvolle polnische Sprichwörter:

Nie mój cyrk, nie moje małpy.
[ɲɛ muj t͡sɨrk, ɲɛ mɔjɛ mawpɨ]
Nicht mein Zirkus, nicht meine Affen.

Wszystko w swoim czasie.
[fʂɨstkɔ f sfɔjim t͡ʂaɕɛ]
Alles zu seiner Zeit.

Kropla do kropli i będzie morze.
[krɔpla dɔ krɔplʲi i bɛɲd͡ʑɛ mɔʐɛ]
Tropfen für Tropfen formt das Meer.

Gdzie serce tam i szczęście.
[gd͡ʑɛ sɛrt͡sɛ tam i ʂt͡ʂɛ̃w̃ɕt͡ɕɛ]
Wo das Herz, da auch Glück.

Kto rano wstaje, temu Pan Bóg daje.
[ktɔ ranɔ fstajɛ, tɛmu pan bug dajɛ]
Morgenstund hat Gold im Mund.

Jetzt bist du bestens gewappnet für deinen ersten Kontakt mit der polnischen Sprache. Es bleibt mir nur noch, dir viel Freude und wunderbare Erfahrungen dabei zu wünschen.

Genieße die polnische Sprache wie eine Köstlichkeit, die du dir auf der Zunge zergehen lässt. Dann wird das, was dir vielleicht am Anfang Angst gemacht hat, sich in pure Freude verwandeln.

PONS POLNISCH
im Handumdrehen

von
Tien Tammada

Originaltitel: โปแลนด์ทันใจพูดได้ด้วยปลายนิ้ว เฑียร ธรรมดา

63/120 Moo 8, Tambon Saothonghin, Bangyai District,
Nonthaburi 11140 Thailand
E-Mail: leelaaphasa2008@gmail.com

1. Auflage 2022 (1,01 - 2022)

www.pons.de
E-Mail: kundenservice@pons.de

Übersetzung: Ta Tammadien
Co-Übersetzung & deutsche Überarbeitung: Hubert Möller
Korrektur: Joanna Gypser
Illustrationen Cover: K. Kiattisak
Illustrationen Innenteil: K. Kiattisak, Purmpoon Khamnuanta
Bildnachweis Cover: Stadtpanorama von Danzig: SAHAS2015/Shutterstock; Piroggen: Elena Pimonova/Shutterstock
Satz/Layout: Wachana Leuwattananon, Vipoo Lerttasanawanish
Logoentwurf: Erwin Poell, Heidelberg
Logoüberarbeitung: Sabine Redlin, Ludwigsburg
Druck und Bindung: Publikum d.o.o.

ISBN 978-3-12-516348-5